PHP
Business Shinsho

コンサルティングとは何か

Koichi Hori
堀　紘一

PHPビジネス新書

はじめに――「何が問題か」が最大の問題である

†一九七八年十月、ハーバード大学・ビショップ教授との対話

一九七八年十月九日。アメリカは、コロンブスのアメリカ大陸発見を祝うコロンブス・デイを迎えていた。その日、マサチューセッツ州ボストンでは初雪が降った。北緯四二度、釧路と同じくらいの緯度に位置するボストンの冬は早い。

同年九月、私はボストンにあるハーバード・ビジネス・スクール（Harvard Business School：ＨＢＳ）に入学したばかりだった。コロンブス・デイから数日後、私は、冬の寒さを感じながら一人の教授を訪ねた。ＨＢＳ初年度の必修科目、生産・業務管理（Production and Operation Management：ＰＯＭ）のビショップ教授だ。

入学して一カ月あまりが経っていたが、私は深刻な問題を抱えていた。そのことについて相談するのが、面会の目的だった。

ハーバードの教授は、学生からアポイントメントを依頼されたら、その学生のために一

週間以内に一五分以上の時間を作らなければならないという決まりがある。たとえその人がノーベル賞を受けたような著名な教授であっても、それは変わらない。日本の大学の教授のように、テレビに出るのが忙しいから授業を休むようなことはない。学生あっての教授という本分をきちんとわきまえているのだ。

私が訪ねるやいなや、ビショップ教授は、

「何が問題なんだ?」

と、優しく問うてきた。

「非常に深刻な問題を抱えています。授業がわかりません」

私が答えると、

「授業がわからないのは深刻だな」

そう言って、教授は眉を曇らせながら、何がわからないかを尋ねてきた。

「授業のどこがわからないんだ?」

「まず英語が理解できません」

「君は今まさに英語でしゃべっているじゃないか」

「いいえ、先生の英語は発音もきれいですし、文法も正しいのでほぼ完全にわかります。ただ、メリーとジョンの英語がよくわかりません」

「メリーは南部のテネシー出身だ。彼女の英語は南部訛りが非常に強い。普通のアメリカ人にも、あの英語はわからない。ジョンは、ニューヨークのブロンクス育ちで、彼の英語も訛りが強い。これも、ニューヨークの下町育ち以外にはなかなかわからない」

ブロンクスというのは、ニューヨークの中でも貧しい地域で、そこに住む人々は独特の英語を使っている。

「あの二人の英語がわかる人間はクラスには誰もいないから心配するな」

というのが教授の答えだった。なんだかはぐらかされているような気がした。

教授は続けて尋ねてきた。

「それ以外に問題が？」

「大いにあります。先日の授業でも、ある人は生産工程に問題があると言い、ある人は従業員の能力に問題があると言いました。またある人は従業員の教育の仕方に問題があると言い、ある人はラインの引き方に問題があると言いました。いろんな人がいろんなことを言うので、私には何が正しいのかさっぱりわかりません。正直に言うと、それ以前に、何が問題かがまったくわかりません。それが、今一番困っていることです。私にとっては、

『何が問題か』がわからないのが極めて深刻な問題です」

それを聞いた教授は、満面の笑みを浮かべて私の肩を抱いた。

「紘一、君は今世界で最高の教育を受けている。ハーバードに来て良かったな。ここに来るのもそれなりに大変なことだが、それでも、君のように短時間でそこまで深く学べる学生は滅多にいないんだ。君は今、最高の学問をしているんだ」

このとき私は、ビショップ教授にからかわれているとしか思えなかった。

✝「何が問題なのか」を探ることが最も重要

それからおよそ二年の月日が経った一九八〇年六月、ハーバードの卒業式を一週間後に控えた私は、ビジネス・スクール学長の公邸で開かれる晩餐会に招待された。その栄誉に浴することができたのは、上位二%の優秀な成績を修めた学生たちだけだった。「MBA(経営学修士)ウィズ・ハイ・ディスティンクション(MBA with High Distinction)」、またの名を「ベイカー・スカラー(Baker Scholar)」という称号と、金バッジが私たちに授与された。

私は、ハーバード在学中の二年間、それこそ毎日休みなく勉強に励んだ。その努力が、ハーバード三〇〇年の歴史の中で、日本人初の金バッジの栄誉へとつながったかと思うと、感慨もひとしおだった。

ちなみに、ベイカー・スカラーの名は、ハーバードに多額の寄付をしているベイカー氏への謝意を表している。図書館もベイカー・ライブラリーと呼ばれている。東大に多額の寄付をした安田財閥の名を取って、安田講堂と呼ばれているようなものだ。

晩餐会のさなか、私は二年前に言われたビショップ教授の言葉を噛み締めるように思い出していた。教授は、私をからかったわけでも何でもなかった。「君は最高の学問をしている」という言葉の意味が、「何が問題か」を定義することがビジネスの世界では最も重要な問題であるということが、今の私にははっきりとわかる。そして、教授を訪ねたまさにあのとき、私は深い学びの場にいたということも……。

日本では、勉強や学問というと、答えを導くことが重要と考えられているが、それがまかりとおるのは受験勉強のようなレベルの話でしかない。現実社会で真に重要なのは、問題を解くことではなくて、何が問題なのかを探り当てることである。

たとえば企業活動においては、真の問題を突き止めていないがゆえに売上が伸び悩み、利益が低迷する。政治の世界においても、社会の閉塞感を打ち破れないのは、民主党も自民党も、何が問題かを定義できていないからだ。

幸運にも、私はハーバードで学ぶ機会を得た。その機会を得なければ、「何が問題か」が最大の問題であるということに気づかずに一生を終えていたかもしれない。そう思うと、この二年間の苦労が報われる思いだった。

†そして日本へ

一九八〇年六月、こうして私は、深い学びと大きな驚きを胸に、日本に帰ってきた。ありがたくも私をハーバードに送り込んでくれた、古巣の三菱商事に戻ってきたのだ。

私は今でも三菱商事を愛しているし、ハーバードへ送ってくれたことを心から感謝している。もう一度サラリーマンになるならどうするかと問われれば、迷わず三菱商事に勤めたいと答えるだろう。

総合商社というと、生き血を吸うかのごとく鬼のように金儲けをしているというイメージが世間にはあるが、あれは何も知らない連中が勝手にのたまっている真っ赤な嘘だ。

私の知る限り、社員を大切にすることにかけては日本の企業で右に出るところはない。社員同士も極めて仲がいい。会社には優雅な雰囲気もある。ＮＨＫやかつてのＪＡＬのように社員がぬるま湯につかっているのを許す企業は多いが、三菱商事のように社員を一人の人間として大切にする企業はそれほど多くないと思う。

その三菱商事が、私をハーバードに送り込んでくれた。

当時の三菱商事には、大学卒の同年次が三〇〇人いる中で、MBAやロー・スクール、語学研修で海外留学のチャンスが二〇枠設けられていた。中でもMBAは花形で人気があって、当然選抜試験が課されていた。私は読売新聞社からの途中入社だったが、幸いなことに社内試験に合格することができた。

そのとき、総務や人事の役員と部課長が集まって、私をMBA留学に出すことに一議論あったということを二〇年も後になって聞いた。

「途中入社の堀を留学させたら、生え抜きの社員が僻《ひが》んだり怒ったりしないか」

「堀は途中入社するぐらいだから途中退社するかもしれない。会社の金で年一〇〇〇万円もかけて留学させて、それでもし辞められたら会社の沽券《こけん》に関わる」

そういう声が多数を占める中、後に常務になられたある方が、次のように私を後押ししてくれたということだ。

「私の聞く限り、堀は実に好青年とのことだ。確かに途中入社かもしれないが、MBAを取るだけ取って退社してしまうような人間ではない。百歩譲って、万一会社を離れることになっても、それはそれでいいじゃないか。彼のように三菱商事を愛している人間が、会社の外にもいるということになれば、外野の応援団長みたいなもので、実に心強い」

私はその方とほとんど面識はなかったが、この話を聞いて、胸が熱くなった。辞める前にこの話を聞いていたら、私は三菱商事を離れることはなかったに違いない。この話を聞いたのは、会社を辞めて二〇年ほど経ってからのことだが、そんなこともあって、ますます三菱商事が好きになった。

そして、三菱商事との関係は今でも続いていて、学生向けの採用案内の小冊子に、毎年のように私も登場しているほどだ。

✝せっかく学んだことを活かせないという焦り

だが結局、これだけ好きな三菱商事を離れることになったのは、ハーバードでの学びの深さと衝撃の大きさを考えると、ある意味自然な成り行きだったのかもしれない。

古巣に戻ってきたとき、私は三五歳だった。課長補佐でもなんでもない、ただの一社員という立場だった。

「ハーバードで学んだことを存分に活かそうと思ったら、課長でも部長でもフィールドが狭すぎる。平の取締役でも厳しいけれど、少なくとも役員になってからか……」

そう思うと、途端に心配になってきた。年功序列が常識だった時代。当時の私の立場から考えると、課長になるのに一五年、部長になるのに二〇年、役員になるのに二五年はかかる。

「使わずに二五年もいたら、学んだことを覚えていられるだろうか……」

そんな焦りとともに、腕試しをしたいという思いが徐々にわきあがってきたのも事実だ。ハーバードでは毎日休みなく勉強し、大変な苦労をして、その結果、日本人で初めて金バッジを授かった。自分なりに経営学の奥義を極めたつもりだった。

「師匠から免許皆伝になって虎の巻をいただいたのに、一回も他流試合をしないなんて耐えられない」

今になってみれば、ビジネス・スクールで学んだからといって何ほどのものでもないのだが、当時の私はそうは思っていなかった。

そんなとき、頭に浮かんだのが、「コンサルティング・ファーム」だったのだ。

†ハーバード卒業生の三つの進路

当時、ハーバードにおいて優秀な成績でMBAを取得した人々の進路は、大きく分けて三つあった。

一つは自分でベンチャーを始めること。もう一つはインベストメント・バンク。そして三つ目がコンサルティング・ファームだった。

ベンチャーを始めるのは、「ハーバードに来てみて、自分が他の学生と比べてはるかに発想力も豊かで創意工夫に長けていることに気がついた。それなら、大きな企業に入って、誰かの指示のもとに仕事をするよりも、自分で始めたほうがいい」と考えるのがその理由だ。

MBAではなくても、スタンフォード大学の学生だったビル・ヒューレットとデビッド・パッカードがHP（ヒューレット・パッカード）を作り、同じくスタンフォード大学博士課程に在籍していたラリー・ペイジとセルゲイ・ブリンがGoogleを創業し、ハーバードのビル・ゲイツがマイクロソフトを、そしてマーク・ザッカーバーグがフェイスブックを立ち上げるなど、アメリカでは一流大学出のアントレプレナーは多い。

インベストメント・バンクを選ぶのは、手っ取り早く金を稼ぎたい学生だ。インベストメント・バンクの給料はまさしく桁違いに高い。リーマン・ショックの余韻が残り景気が芳しくなかった二〇〇九年ですら、個人ボーナスが一〇〇億円以上の人が世界で一〇〇〇人もいたほどだ。とても日本人の常識では考えられない世界である。「三五歳くらいまでに一〇〇〇億円ぐらい貯めて、プライベート・ジェットとヨットを持ってアーリー・リタイアしたい」などと考える学生がこの道を選ぶ。

そして三つ目のコンサルティング・ファームへの道を選ぶのは、いろいろな企業の経営に携わってみたいと思う学生たちだ。欧米では、今も昔も、コンサルタントは高度に知的でプロフェッショナルな職業として認知され、尊敬を集めている職業でもある。

むしろ大企業などは、そういった職業に就けない人たちがいくようなところだったのだ。大企業こそがもてはやされていた当時の日本とは、まさに正反対の価値観。その違いに驚きながらも、「これはあくまでアメリカの価値観だ。日本では通用しない」と考えていた。考えようとしていた、といったほうがいいのかもしれない。

しかし時が経ち、なぜとりわけ優秀なベスト・アンド・ブライテストな学生がそういった道を選ぶのか、おぼろげながらわかるような気がしてきた。とりわけ私が惹かれたのが

「コンサルティング・ファーム」という道であった。ハーバード卒業当時の私は、コンサルティング・ファームがどういったところなのかほとんど理解できていなかったにもかかわらず、である。

✝腕試しでボストン・コンサルティング・グループへ

私が三菱商事の外で腕試しをしてみたいと思うようになる以前から、ハーバードでの私の成績の噂を聞きつけたのか、日本に進出していたコンサルティング・ファームやインベストメント・バンクからさまざまなオファーが届いていた。

マッキンゼーの大前研一氏からも勧誘を受け、ベイン・アンド・カンパニーというコンサルティング・ファームからは、東京支社長候補として採用したいという誘いも受けた。インベストメント・バンクからのオファーの中には、気が遠くなるような、とんでもなく高給なものもあった。

その中で、私は、最も肩書きが低く給料の安いボストン・コンサルティング・グループ(Boston Consulting Group：ＢＣＧ)を選んだ。

人間、力があれば肩書きも給料も勝手に後からついてくる。肝心なことは実力を磨くことで、そのためにはいいお手本、師匠が欠かせない。これが私の哲学だ。独学ではなかなかいい腕にならない。

そう考えると、ベイン社の東京支社長候補というのは、肩書きは魅力的だが、教えてくれる人がいないわけで力がつかない。インベストメント・バンクのとんでもない高給に心が動かなかったと言ったら嘘になるが、仕事の中身が社会や人々の役に立っているとは思えなかったし、私が腕試しをしたいこととはかなり違っていた。

結局、平のコンサルタントで給料も安いBCGで武者修行をしようと決めたのだ。これが、私のコンサルタント人生のスタートである。


三菱商事を離れたいということを伝えると、会社の人からは、「お前、何でこんないい会社を辞めるんだ」と、不思議がられた。

私の叔父は、三菱商事で部長を務めていた。叔父も、優雅な雰囲気の三菱商事をこよなく愛していた。

「せっかく読売新聞から三菱商事に入ったのに、それを捨ててBCGだかワクチンだか知らないようなところにいくなんて、包丁一本、旅がらすの料理人になるようなものだ。お前はつくづく馬鹿げている」

と、叔父から大いに呆れられたことを今でもはっきりと憶えている。叔父が愚かだったわけではない。彼はアメリカ駐在経験もあり、世界の事情にも明るかった。そんな彼をしてもそうだったということは、当時の日本でコンサルタントがどれほど低く見られていたかということである。

それから、三〇年が経った。

昨今の就職希望ランキングを見ると、マッキンゼーやBCGはじめ、私が代表取締役会長を務めるドリームインキュベータといった、コンサルティング・ファームが上位に名を連ねている。モルガン・スタンレーやゴールドマン・サックスなどのインベストメント・バンクも人気だ。三〇年前、私がボストンで感じた衝撃を思い起こすと隔世の感がある。日本でも、ようやくコンサルティング・ファームという会社、コンサルタントという職業が認知されるようになった証だと嬉しく思っている。

だがその反面、コンサルティングに対するイメージには誤解も多く、正しく理解されているとは言い難い。

本書では、私の三〇年間のコンサルタント人生で学んだことをすべてお伝えしたい。また、ドリームインキュベータという日本発第一号の戦略コンサルティング会社が、欧米発とどこがどのように具体的に違うのかも、最終章で詳しく紹介したいと考えている。なぜなら、その先にこそ日本の未来があると思うからだ。

この本を通じて、「真のコンサルティングとは何か」ということが、多くの人の知るところになることを願ってやまない。

二〇一一年三月

堀　紘一

コンサルティングとは何か◆目次

第2章　なぜ、コンサルティングが必要なのか?

終章 これからのコンサルティング〜コンサルティングを超えて〜

第1章

経営戦略コンサルティングの誕生

誤解多き「コンサルティング」の世界

✝「戦略コンサルティング」こそ真のコンサルティングである

なぜ、私は本書を書こうと思い立ったのか。繰り返しになるが、日本ではコンサルティングという仕事の本当の姿が、あまりに伝わっていないからである。

コンサルティングの仕事が誤解されている例は多いが、まず目に付くのは、「コンサルティング」という言葉の氾濫だ。昨今では、銀行の相談窓口から生命保険の営業職まで、何かにつけて「コンサルティング」という言葉が使われている。

確かに、英語の「コンサルティング」には「相談」の意味があるし、銀行や生命保険会社でも「相談」することはある。だが、コンサルティングという仕事が誕生した経緯を踏まえて考えると、世の中に氾濫する「コンサルティング」のほとんどは、本来の意味でのコンサルティングとはかけ離れていると言わざるを得ない。少なくとも欧米では、銀行の窓口での預金相談や生命保険の営業をコンサルティングと呼ぶ人は一人もいない。

後で詳しく説明するが、本当の意味でのコンサルティングとは、「経営戦略のコンサルティング」に他ならないのだ。

✝コンサルタントは本当に「かっこいい」仕事なのか?

別の意味で気になるのが、主に学生たちが抱くコンサルティングという仕事に対するイメージだ。それによると、コンサルティングというのは、「実に知的でスマート、高給を得られる仕事」といったもののようだ。

そのイメージが、そのまま就職希望ランキングに反映されている。今や、BCGやマッキンゼーといったコンサルティング・ファームは、常に最上位グループにランクされている。私が立ち上げたドリームインキュベータも同様。数年前のランキングでは「別格」の存在である「神」という呼称で、ランキングのトップであるBCGやマッキンゼーのさらに上、すなわち最上位に載っていたくらいだ。

こうしたイメージは、完全に間違っているとは言えないが、ポジティブな側面だけが過剰なまでに強調されてしまっている。

コンサルティングの仕事は、なるほど高度に知的で創造的な活動に相違ないが、頭だけを使っていればいい世界ではない。クライアント企業の実態を把握するために、足を使って営業や生産の現場を見て回ることも多い。体力やフットワークの軽さがなければ務まらない。仕事自体もハードで、昼も夜も休日も休みなく働き続けることになる。

また、クライアントの高い期待に応え続けていくには、精神的なタフさも求められる。論理一辺倒ではなく、ときには経験や勘も必要になる。給料は、一般的な会社員と比べて高いのは事実だが、仕事のハードさを考えると、必ずしも割に合う額とは言い難い。

近年、テレビや雑誌といったメディアに多くのコンサルタントが露出していることから、この仕事に華やかなイメージを持つ人も多い。だが、コンサルティングというのは基本的には裏方仕事であり、地道な作業も多い。メディアに出るような人はほんの一握りの例外に過ぎない。

†「机上の空論では？」……歪められたコンサルティング像

そのように過剰に祭り上げられる一方で、過剰にネガティブな印象を持つ人も多い。

「現場を知らず、机上の空論を振り回しているに過ぎない」

「単に知識を切り売りするだけの仕事」

「経営したことがない人間に、経営のコンサルティングなどできるはずがない」

という批判が代表的なところだろうか。

だが、これも全くの誤解である。こういう誤解が広まるのは、コンサルティングの仕事の中身が正しく理解されていないからに他ならない。理論を振り回すだけなら、それは真のコンサルティングではない。企業の実態を徹底的に調査し、将来の変化を予測して、実行可能な戦略を立案するのがコンサルティングの役割だからだ。

そもそも机上の空論や知識の切り売りで、仕事を何十年も続けられるわけがない。そんな会社が世界中に一〇〇カ所近く事務所を持ち、一万人の従業員を抱え、毎年一〇〇〇億円以上の売上を維持できるはずがないのだ。

また、自分が経営のプロでなければ人に教えられないというのであれば、コーチという職業はこの世から消えてなくなるだろう。プロスポーツの世界では、一流のコーチが現役時代も一流選手だったとは限らないのが常識だ（もっとも日本では、タイガー・ウッズのコーチはタイガーよりゴルフがうまくなければいけないなどという暴論がいまだに聞かれるが……）。

企業には、コンサルタントを雇う自由もあれば、雇わない自由もある。職業としてコンサルタントを選ぶ自由もあれば選ばない自由もある。「コンサルタントを雇いたくない」「コンサルタントになりたくない」という人に、コンサルタントを雇うことやコンサルタントになることを無理強いするつもりは毛頭ない。

だが、そういう人にとっても、コンサルティングの仕事の実態を正しく理解した上で、コンサルタントを雇うか雇わないか、コンサルタントを目指すか目指さないかを決めたほうが間違いなく賢明だ。

ともあれ三〇年前、私がハーバード・ビジネス・スクールの学生だった頃には、誤解どころか、コンサルタントという職業は存在すらほとんど知られていなかった。それを思えば、毀誉褒貶《きよほうへん》、誤解を含めて、コンサルティングの仕事の存在がこれほど広く知られるようになったことは、大変な驚きと喜びをもって受け止めている。十年一昔とは言うが、さすがに三〇年も経って世の中も変わってきた。

だが、そろそろコンサルティングの仕事の真の姿が広く理解されてもいい頃だ。それが、コンサルティング業界のみならず、日本の企業にとっても、大きく資することになると考えるからだ。

経営戦略コンサルティングの歴史

✝コンサルティング・ファームは「業務改善」から生まれた

「経営戦略コンサルティング」こそ、本当の意味でのコンサルティングだということを先ほど述べた。では、この「経営戦略コンサルティング」、あるいは「戦略コンサルティング」とは何なのだろうか？

また、一般的にコンサルティング・ファームとされる会社の中には、経営戦略以外のコンサルティングを手掛けているところも多い。業務改善コンサルティング、ITコンサルティング、会計系のコンサルティングが、その代表例だ。会社数もコンサルタント数もこれらのほうが圧倒的に多い。少なくとも戦略コンサルタントの一〇倍から一〇〇倍のコンサルタントがこの分野にはいる。

さらに、日本でITコンサルタントと呼ばれているSE系のコンサルタントになると、戦略コンサルタントの一〇〇倍から一〇〇〇倍はいることだろう。

では、これらコンサルティングと経営戦略コンサルティングとの違いとは何か？

欧米では、それぞれのジャンルがしっかり確立して峻別されているが、日本ではまだまだ区分けがはっきりと認識されていない。これらの違いを理解するには、そもそも「コンサルティング・ファームはいかにして生まれたか」の歴史を紐解いてみるのが一番だ。

そこで、歴史を追いながら、戦略コンサルティングとは何か、それぞれのコンサルティングの違いはどういうことかについて、触れていきたい。

コンサルティングという仕事が世の中に生まれたのは、今から約一一〇年前だ。一九〇〇年にアメリカのフレデリック・ウィンズロー・テイラーが、工場に科学的管理の手法を導入し、生産ラインの標準化を図ったのが、コンサルティングの嚆矢《こうし》とされている。工場の生産ラインの無駄を省き、コストを低減するためである。

これがまさに、今でいう「業務改善コンサルティング」の原型である。老舗のコンサルティング・ファームであるマッキンゼーではOVA（Overhead Value Analysis）の名で呼ばれ、現在でも主流サービスの一つとなっている。

ちなみに、ピーター・ドラッカーは「グルの中のグル」と称されることが多いが、彼自身はこの言葉はテイラーにこそ贈るべき言葉だと言っている。テイラーの科学的管理法は、労働科学におけるアイザック・ニュートンかアルキメデスだとまで言うのだ。

✝「経営戦略コンサルティング」の誕生

その後約六〇年間、経営者を対象にした業務改善コンサルティングこそがコンサルティングだという時代が続いた。それに一石を投じたのが、ボストン・コンサルティング・グループ（ＢＣＧ）の設立者でもあるブルース・ヘンダーソンである。

一九六三年に他のメンバーとともにＢＣＧを設立したヘンダーソンは、それと同時に経営戦略コンサルティングを世界で初めてスタートさせた。だから、経営戦略コンサルティングの歴史は、そのままＢＣＧの歴史でもあるのだ。

単なる業務改善だけでなく、企業の進む方向性を決める経営戦略を外注するという発想は、当時のアメリカでも非常に斬新なものだった。コンサルティングといえば業務改善だった当時、企業の根幹とも言うべき経営戦略を外部の人間に頼む経営者がいるわけがない、と冷笑する者もいた。ヘンダーソンは変人扱いされていた。アメリカでも経営戦略コンサルティングが生まれた当初は、必ずしも正しく認識されなかったということだ。

その流れを劇的に変えたのが、ＢＣＧによる二つの企業へのコンサルティング事例だった。その一つが、テキサス・インスツルメント（Texas Instruments：ＴＩ）。高級な電卓を製造していたＴＩは、その電卓を当時の常識では考えられない安い価格で販売するという戦略を取った。そしてこの戦略があたり、爆発的にヒット。業績は急激に上向き、当然、株価も大幅に上昇した。

そして、この戦略を指南したのがＢＣＧであることが、ＴＩのアニュアル・レポートの中で明らかにされたことで、ＢＣＧの戦略コンサルティングが一躍脚光を浴びることになったのだった。そのときＢＣＧが打ち出したのが、「経験曲線（experience curve）」という考え方である。これは、同一製品の累積生産量が増えるに従って、単位あたりのコストが一定の割合で低下していくという経験則で、幅広い産業のデータを観測・調査した結果割り出されたものだった。

コストが下がる割合は、業界や製品によって大きくばらつきがあるものの、累積生産量が倍増するごとに、単位コストが平均して二〇％程度逓減するとされている。たとえば、同じ生産ラインで最初に一〇〇万個のものを作るときにかかっていたコストに比べ、次の一〇〇万個を作るときにかかるコストは平均で二〇％低下するということだ。

この考え方の肝は、いつの時点のコストを基準にして価格を設定するか、ということにある。TIのケースで言うと、期初に作る高級電卓のコストと、期末に作る高級電卓のコストには大きな差が出る。ここで、期初のコストにもとづいて販売価格を設定したとすると、当然、価格はその分高くなる。この価格設定なら販売当初から利益を確保することができるが、金額が高止まりして市場の広まりは緩やかなものとなる。これが、当時としてはごく一般的な考え方であった。

これをTIでは、経験曲線を踏まえて、期中のコストにもとづいて価格を設定したのだ。販売当初は大幅な赤字を垂れ流すことになったのだが、価格に割安感が出たため市場が急速に広まった。市場の広まりとともに製造個数も増え、コストの逓減幅も大きくなっていく。結果的に、大きな利益へとつながっていったのだ。

✝デュポンの快進撃を生み出したPPM

もう一つが、化学メーカー・デュポンの事例だ。このコンサルティングにより、BCGは今や経営学の古典とされる手法を生み出した。それがPPM（Product Portfolio Management）である。

当時デュポンは、一〇〇以上もの商品群を扱っていた。取り扱い商品が少なければ、一

PPM

市場成長率 ＼ 相対的市場シェア	高	低
高	花形	問題児
低	金のなる木	負け犬

つ一つの商品について個別に戦略を立てることも可能だが、これだけの数があると、個別戦略は時間的制約から不可能だ。それをどうするかが、ここでの課題であった。

それに対してBCGが編み出したのが、PPMという考え方である。

縦軸に市場成長率、横軸に市場シェアを取ったマトリックスを作成し、そこに個別商品のデータを当てはめていく。これにより市場成長率の高低、市場シェアの高低による四つの象限にすべての商品が分類されることになる。これを元に、どの商品に投資をし、どの商品について市場から撤退するかを判断するのだ。

市場成長率は低くともシェアが大きい分野は、追加投資をせずともしばらくは安定的に利益を見込むことができる。そこで得られた利益を、市場成長率が高くてシェアの高い分野に重点的に投資する。シェアをさらに拡大して製造個数を増やし、コスト競争力を高めていくのが狙いだ。反対に、市場成長率も低く、シェアも低い分野については、投資をしてシェアを上げたところで、大きなリターンを見込むことはできない。頃合いを見計らって撤退するのが妥当な判断になる。

デュポンは、ＢＣＧが立案したこの戦略にもとづいて事業を整理した。一方では撤退し、一方では投資して拡大路線を取った。これが功を奏して、デュポンの成長は加速していったのだ。

なお、このＰＰＭは、先の経験曲線の考え方を発展させたものだ。市場シェアを取れれば、競合と比べて単位あたりの製造コストを下げることが可能になる。つまり、利益を生むためにはシェアを取ることが重要になるが、シェアを拡大するために必要な投資を回収できるかどうかを、市場成長率で判断するということだ。このＰＰＭは、当時の日本企業の躍進への対抗策という面も強く、アメリカでは対日戦略として使われた。

四大コンサルティング・ファーム、出揃う

この二つの事例で一躍脚光を浴びたＢＣＧは、コンサルティング・ファームとしては新興だったにもかかわらず快進撃を遂げる。

その後しばらくは、「戦略コンサルティング」と言えば、ＢＣＧの専売特許だった。だが、それを見たマッキンゼーとブーズ・アレン・ハミルトンが、慌てて戦略コンサルティングを始めた。ちなみに、マッキンゼーもブーズ・アレンも、戦前から続くコンサルティング・ファームの老舗で、百年の歴史がある。この百年の歴史も「コンサルティングはまゆつばだ」という意見とそぐわないだろう。

一九七〇年代に入ると、ＢＣＧを辞めたビル・ベインという人物が、ベイン・アンド・カンパニーというコンサルティング・ファームを設立した。ＢＣＧ出身というだけあって、ベインも戦略コンサルティングを始め、ここに、今も続くアメリカの四大経営戦略コンサルティング・ファームが出揃うことになる。

一九七〇年代には、アメリカ中で経営戦略コンサルティングがブームとなり、会社を良くしたいならファームを雇うしかない、というほどの活況を呈することになった。

ともあれ、このような戦略コンサルティング全盛時代を作り出したのは、ＢＣＧおよびブルース・ヘンダーソンであったのだ。

実は私も、このヘンダーソンによってコンサルティング業界に足を踏み入れた一人である。一九八〇年秋。同じハーバードで学んだ元森俊雄さんがヘンダーソンと焼肉を食べることになった。元森さんは銀行員だったが、公認会計士の資格も持っているという数字に明るい秀才だった。しかし英会話はあまり得意ではなく、二人だけで会うのが気が重いということで、「堀さん、同伴してよ」と声をかけてきたのだ。

仲の良かった元森さんの頼みとあっては断るわけにはいかないとお伴したのが、その後の私の人生を決定づけるとは、そのときは思いもしなかった。

ちなみにこのヘンダーソンはずいぶんと偏屈な人として知られていたが、どういうわけか私は彼に可愛がられた。彼の晩年、私は彼の一番弟子のようなものだった。

とにかく議論をすぐふっかけてくる。そして次に、「お前は何もわかっていない」と言う。そういえば私の人生に彼とよく似たタイプの人物がいる。田原総一朗さんだ。この二人にかかると、私はいつも「お前は何もわかっていない」となってしまう。

ある日、軽井沢のホテル鹿島ノ森で二泊三日のトップセミナーをやっていたときのことだ。ダイエーの中内㓛氏、オリックスの宮内義彦氏など、トップだけの泊まりこみのセミナーだ。

朝の六時に枕元の電話がけたたましく鳴った。ヘンダーソンだ。「散歩をしよう」という。朝露の残るゴルフ場のフェアウェーを二人して歩く。隣のコースにつながるラフに差し掛かったとき、ヘンダーソンが足を止めた。いくつかの双葉が芽を出している。

「コーイチ、どれが大木になる双葉で、どれが雑草になる双葉かが見分けられるかい?」

「僕にはとてもわからないよ」

「コーイチ、五年後、一〇年後の世の中がどうなっているかわかるか?」

「ブルース、そんなこと僕にはわかるわけないよ」

「バカモン、それでお前は戦略コンサルタントをやるというのか」

といった感じでずいぶんと鍛えられた。とにかく議論好きで、ああ言えばこう言うという人物だった。そういった意味でも、田原さんの相似形のような人だった。

まさに「戦略コンサルティングの父」とも言えるこの人物から教えを得たことは、私にとって大きな財産となった。こういうことこそが正真正銘、お金では買えない体験というものだと思う。

コンサルティング・ファーム日本進出

✝いち早く日本に注目していたＢＣＧ

一九六六年、ＢＣＧは、ボストンに次ぐ二番目の拠点として東京オフィスを開設した。創設後三年というスピードもさることながら、マッキンゼーの日本進出は一九七一年、ブーズ・アレンやベインに至っては一九八〇年代に入ってからだから、ＢＣＧがいかに早くから日本に注目していたかがよくわかる。

だが、このときの日本への関心は、日本企業に対してコンサルティングを提供することよりも、輸出攻勢を強める日本企業への対抗策を練ることや、外資系企業の日本進出の足がかりを作ることに主眼が置かれていた。

実際私も、ホワイトハウスからの依頼で、日米交渉を有利に進めるためのネタ提供や論理構築の手伝いをしたりした。いかにコンサルタントは外国人傭兵とはいえ、「日本人として、こんな仕事をしていいのだろうか」などと思った記憶がある。

そのような状態が長く続いたため、いち早くＢＣＧが進出したにもかかわらず、戦略コンサルティングという概念が日本に広まることはなかった。それは、私がＢＣＧに入社した一九八一年春の時点でも変わらなかった。

✝ホンダが日本の戦略コンサルティングの扉を開いた

そうした状況にあって、先進的な日本企業のいくつかが、戦略コンサルティングの導入を検討し始めた。

中でもいち早く導入を決めたのは、ホンダであった。一九八一年の夏、私がＢＣＧに入社した数カ月後には、ホンダの第一号案件が始まっていた。そこに、まだ新米だった私が関わっていくことになる。このホンダの案件は、まさに日本における戦略コンサルティング活用の嚆矢であった。

今でもつくづく思うのだが、こうした先見性が、ホンダという会社のすごいところだ。私もさまざまな企業を見てきたが、当時のホンダのトップは、日本的なサラリーマン経営者とは考え方が全く違っていた。日本的な考え方で伸びた会社の代表がトヨタとパナソニックなら、日本にあって非日本的な価値観で伸びた会社の代表がホンダと言える。ソニーは一見外国風だが、中身は実に和風な「しょうゆ味」の会社である。

ＢＣＧに入社してから三年間、私の時間の三分の二は、このホンダのコンサルティングに充てられた。アメリカに半年以上滞在して、ホンダのオートバイ販売戦略を作ったこともあった。オープンしたてのＢＣＧロスアンゼルス事務所の創業メンバーでもあったのだ。

そして、その間私は、クライアントであるホンダから、ハーバードのものとも、ＢＣＧのものとも違う、ホンダの経営学、「ホンダイズム」を教わることになった。

あまりに激烈なホンダの戦略

当時、ホンダはヤマハと、二輪車のシェア一位の座をめぐって壮絶な戦いを繰り広げていた。世に言う、「ＨＹ戦争」である。

首位の座を狙うと宣言し、大規模な攻勢をかけてくるヤマハに対して危機感を抱いたホンダは、ヤマハを叩きのめすために我々ＢＣＧを雇ったのである。

ホンダの二代目社長・河島喜好氏からの命令は、まさに「激烈」とでも言うしかないものだった。

一、ヤマハを赤字で無配の会社に転落させる
二、子会社の一社か二社を倒産させる
三、向こう十年間はホンダの尻尾を踏むのも怖くて何もできない会社にする
四、そのために多少の無茶も厭わないし、金に糸目はつけない
この方針の下、ホンダと我々はそれこそ無数の戦略を立案していった。

当時、その最前線にいたのは、研究所トップの入交昭一郎取締役（後の副社長）であった。入交氏と我々は、さまざまな戦略を矢継ぎ早に実行していった。新車種を一度に五二種類も市場に投入したり、スーパーカブという五〇CCの二輪車を、自転車よりも安いいわゆるイチキュッパ（一万九八〇〇円）という価格で売り出したりした。

自転車は、今でこそディスカウント・ストアで一万円を切る価格で売られているが、当時は三万円ぐらいする比較的高価なものだった。エンジンがついている二輪車が一万九八〇〇円というのはメチャクチャな価格だ。

こうした手法は、ハーバードやBCGの常識からは、まったく考えられないものだった。私は、当時の吉沢副社長に問い質した。

「この価格はあまりにも無茶です。原価はいくらなんですか？」

「原価は一台五円だ。一万九八〇〇円で売ってこい」

これが、副社長の答えだった。もちろん、原価が一台五円なわけがない。その程度の出血は覚悟の上、何としても勝ちにいくという決意の表れの言葉だった。

✝「太平洋に跨るコンサルティング」とは？

私が担当する三号目のコンサルティング案件がホンダであったことは、実に幸運なことだった。

後にも述べるが、戦略コンサルティングの理論はアメリカで確立されたものだが、それがそのまま日本に通用するものかどうかはまだ未知数であった。そういった時代にホンダの経営学に接することで、ハーバードで学んだ経営学、BCGで身につけた経営学の上に、ホンダの経営学を踏まえた独自のコンサルティング・スタイルを確立することができたからだ。言うなれば、私のコンサルティングは日米合作、少々大げさな言い方を許していただければ、「太平洋に跨《またが》るコンサルティング」だ。

後々、そこからさらに発展させて、ダーウィンの進化論を取り入れた独自の経営学を私は築き上げてきたが、そのベースにあるものは私の発明でも何でもなく、ハーバードとB

CG、そしてホンダから教わったことだ。

ちなみにホンダの経営学とは、「ビジネスとは勝負事だ」という考え方に尽きる。勝負事である以上、喧嘩と同じで、やるからには勝たねばならない。勝てない喧嘩はやってはいけない。そして、勝つためには多少の出血や骨折は覚悟せねばならない。出血や骨折が怖いなら喧嘩をしてはいけない。そういうことをホンダから教わった。

とにかく、日本の大企業で初めて本格的に戦略コンサルティング・ファームを使い始めたのはホンダであった。ホンダのような国際的で先進的な企業が、日本におけるコンサルティングの歴史の扉を開いたのは、大きな意義のあることだった。今から三〇年前のことである。

ＢＣＧ日本撤退の危機

✝突然、社長のオファーを受ける

ホンダの案件を始めとして、徐々にではあるが日本でも戦略コンサルティングの機運が高まってきた。そんなＢＣＧ入社六年目、四一歳のときのことである。

一九八七年、ＢＣＧ東京事務所に本社から社長以下三人のチームが出張してきた。期間は一週間。一九六六年に日本に進出して以来、二〇年以上赤字が続いていた東京事務所の扱いを検討するためだ。

当時まだジュニア（プロジェクトのリーダーなどではない、下のレベルのコンサルタント）の立場だった私は、はっきりしたことを聞かされていなかったが、社内には不穏な空気が流れていた。東京事務所には、確実に閉鎖の危機が訪れていた。

ここでの検討案は三つあった。

一、事務所を完全閉鎖する。

二、事務所の規模を縮小して、欧米の事務所が行うコンサルティングの日本に関連する部分の調査だけを行う出張所にする。独自のコンサルティングや案件開拓は一切やらない。
三、事務所をそのまま存続させる。ただし、これまでとは人もやり方も大幅に変える。
社長一行が帰る金曜日の夕方に、私は会議室に呼ばれた。

「君は、私たちがなぜ東京に来ているか知っているか？」

「薄々は知っていますが、正式には聞かされていないのでわかりません」

「薄々とは、何を知っているのかね？」

「東京事務所を閉鎖するかしないか、その調査・検討のためだと思います」

「そのとおりだ。もっとも、選択肢は二つではなくてもう一つあった。規模を縮小して存続させるという案だ。『あった』と言ったのは、すでに結論に至ったからだ。東京事務所はこれまでどおり存続させることにした。君にとってもいい話のはずだ」

「そう思います」

「これから日本は世界の中でますます重要な地位を占めるはずだ。目先の短期的な利害だけで東京を閉鎖して、そのとき東京に私たちの拠点がないのは、ＢＣＧワールドワイドにとってもマイナスだと判断した」

私は黙って頷いた。

「事務所を存続するにあたっては、これまでのやり方を改めねばならない。それは、君も知ってのとおりだ」

「はい」

「そこで、君に白羽の矢が立った。君に社長を引き受けてほしい。いいかね？」

あまりに寝耳に水の話で驚いた。私は、心を落ち着けてから、はっきりと答えた。

「それは、お断りさせてください」

「なぜだね？」

「皆さんは、日本のことをどれだけご存じかわかりませんが、日本には長幼の序という考え方があります。年長者を重んじる文化です。自分より年配の人や社歴が長い人が私の部下になるとしたら、彼らも面白くないでしょうし、私もやりにくいことおびただしい限りです。そんな関係で社長になったところで、皆さんが望まれるような結果は出せないと思います。ですので、この話はお断りします」

そうきっぱり断ったが、社長も諦めなかった。

「そう言われても困るんだ。他に候補者がいないんだよ」

しばらく押し問答が続いたが、その日は決着がつかずに、社長一行はいったんボストンへ帰っていった。

それから一週間ほどして、社長から電話がかかってきた。

「ボストンへ帰ってから、この間のメンバーで改めて話をした。やはり、先日伝えた方針は変わらない。今の形をそのまま続けても将来の展望は見込めないから、君にトップを務めてもらいたいと思っている。だが、君が言っていたように、日本には長幼の序があって、君がトップになったところでやりにくいというのも、むべなるかなという気がする。そこで、ドイツから、ピーター・ストルーベンというシニア・コンサルタント（上級コンサルタント）を派遣することにした。今東京にいる誰よりもシニアなコンサルタントだ。彼と君の共同経営という形ならどうだ？　彼の後ろ盾があれば、年長者も言うことを聞くだろうし、君も幾分かやりやすいはずだ」

「そういう形なら考えられなくはありません」

「いい返事をありがとう。ただしこれには二つ条件がある。一つが、ピーターは向こう三年間のレンタルということだ。三年経ったらミュンヘンに戻す。永遠の貸し出しではない。もう一つが、四年目からは何としてでも黒字にすること。向こう三年間は赤字でも構わない。ピーターと一緒に新体制作りに励んでほしい。だが、四年目からの赤字は許されない。いいかね？」

この条件を、私は受け入れた。こうして私は、ピーターと東京事務所の共同経営者に就任することになった。

✝ドラスティックな改革がスタート

ピーターが来日してから、どうやって事務所を立て直していくか、毎日のように彼と議論を重ねた。結果的に、私が当初指摘していた問題点——私より年齢・立場が上のコンサルタントを残して私がトップに就任しても、組織は円滑に機能しない——をピーターが追認する格好となった。

そして、私より年齢も立場も上だった一五人のコンサルタント全員を解雇することになった。このあたりは欧米流、実に大胆だ。東京事務所は、ピーターを除いて、六年目、四一歳の私が一番の年長者という、実に若い集団になった。

共同経営者に就任してすぐに、全世界から各事務所の経営層が集まるパートナー会議がヨーロッパで開かれた。当時のパートナーは五〇人ほど、婦人も一緒だから一〇〇人ほどが集まることになる。ちなみに、今はその一〇倍の五〇〇人のパートナーがいるので、会議もずいぶん様変わりしているはずだ（ただし五〇歳以上は二〇〜三〇人ほどしかいない）。

会議は、火曜日の夜から金曜日の昼まで続いた。帰りの飛行機の都合でその日は泊まることになっていた私は、会議が終わった後、石畳の路上にテーブルと椅子が置かれたしゃれた喫茶店で、パートナー同士の団欒に加わった。その中に、ボストン事務所の代表を務めるパートナーがいた。彼は、私と年齢はさほど変わらないが、社歴が長かった。

当時、ＢＣＧはまだニューヨークに事務所を構えておらず、ＢＣＧ創業の地・ボストンの事務所が規模も最大で、アメリカの、全世界の中心だった。そこの代表を務める彼は、シニア・パートナーの中でも一目も二目も置かれる存在だった。その彼が、私に言った。

「おまえ、いよいよ東京を任されるんだってな。やり方はジャパニーズだろうがアメリカンだろうが、なんだっていい。お前の好きなようにやればいい。とにかく稼働率六五％の結果を残せ。その数字さえ出せば、俺は認めてやる。それさえやれば、お前について文句を言うヤツがいたら、俺がお前の味方をしてやる」

この言葉には、大いに力を与えてもらった。

ちなみに、コンサルティングの稼働率の計算は独特だ。「一日八時間×週五日×年五二週」を掛け算した二〇八〇時間を「年間労働時間」とし、それを分母に、顧客に料金を請求できる時間を分子に置き、稼働率を計算する。

この二〇八〇時間という分母には、正月もお盆もすべて含まれているわけだから無茶と言えば無茶な計算だが、これがコンサルティングの世界の慣習となっている。そのため、コンサルティングの稼働率六五％は、実稼働で換算するなら八〇％に相当する。それ以外にもセミナーや採用等にも時間が取られるわけで、六五％というのは工場で言えばフル操業に近いだろう。

✝日本にも戦略コンサルティングが根づいていった

東京事務所のトップに就任して四年目、ピーターは東京を去った。私は、二つの約束を果たすことができた。ＢＣＧワールドワイド社長との約束、ボストン事務所のパートナーとの約束、つまり黒字化と稼働率六五％を達成したのだ。

そして、それから一一年後の二〇〇〇年、私がＢＣＧを去る頃には、東京は売上で五倍に成長し、世界で一番高収益の事務所になっていた。

トップ就任とともに、一気に年齢も経験も若いコンサルタントの集団になった東京事務所が、ここまで成長することができたのは、ひとえに運に恵まれたからだと思っている。ビジネスが飛躍的に成長できるかどうかは、運に左右されるところが大きい。

私がBCGに入った頃は、コンサルティングを使うのは、ホンダのような先見性の高い企業しかなかったが、八〇年代後半から九〇年代には、三菱や住友のような、伝統的で保守的とされる企業もコンサルティングを導入するようになった。それを受けて、日本でもコンサルティングを利用する企業が一気に増えてきたのだ。

以上が、コンサルティングがアメリカで生まれ、日本に根付いてきた歴史である。生まれ変わったBCG東京事務所は、その流れに乗って大きな成長を遂げることができた。別に自慢をしたいわけではない。正直、恐らく誰がトップをやっていても成長することができただろうと思う。

あえて私が自分の体験を長々と書き綴らせていただいたのは、私がまさにその最前線で活動する幸運に恵まれたため、それを紹介することで日本のコンサルティングの歴史を紐解くことができると思ったからだ。

第2章

なぜ、コンサルティングが必要なのか？

自前主義の日本企業、傭兵を雇う欧米企業

ここまで、主にBCGの歴史を振り返るような形で、戦略コンサルティングの誕生とその後の動きについてお話ししてきた。

特に私がBCGのトップに就任した頃から、八〇年代後半〜九〇年代にかけては、日本での戦略コンサルティング導入が飛躍的に進んできた。では、なぜ戦略コンサルティングというものが、今の日本で求められるようになってきたのだろうか。

私およびBCGの努力の結果、というよりは時代の流れだろう。

✝日本と欧米の「時間差」

私はよく、業界外の人とコンサルティングについての話をしていると「この人の認識は、三〇〜四〇年は遅れているな」と思うことがある。ただ、それでもずいぶんマシになったと思う。なにしろ三〇〜四〇年前と言えば、欧米でコンサルティング・ファームの重要性が認識されてきた時代。今の日本もなんとか、そのレベルには到達したといえる。

私は、ビジネスにおいてなんでも欧米が進んでいて日本が遅れている、という説を取るものではない。だが、ことコンサルティングというものに限って言えば、日本と欧米にはかなりの時間差があると言わざるを得ない。

✝「三〇年遅れ」でコンサルタントが人気職種に！

ハーバードを卒業した人々の進路の話は、前述したとおりだ。ハーバードでは三〇～四〇年前から、優秀な学生ほど大企業には目もくれず、自分でベンチャーを始めるか、インベストメント・バンクへいくか、コンサルティング・ファームへいくか、この三つのいずれかの道を選んでいた。

ベンチャー企業と言えば聞こえはいいが、要は中小企業だ。しかも、自分の手で始めるわけだから、まだ存在すらしていないわけだ。パナソニックやソニー、ホンダも、元はベンチャー企業だが、私が社会に出る一九六〇年代後半には、すでに大企業になっていた。当時の日本で、一流大学を優秀な成績で出た人間が自身でビジネスを始める道を選ぶことはまず考えられなかった。

インベストメント・バンクに自ら進んでいくなどということも理解できなかった。当時の日本では、証券会社は銀行よりも一段低く見られていたからだ。今思えば申し訳ないことだが、ある証券会社、それも業界トップ企業から内定をもらった東大法学部の同期は、周りからずいぶんとバカにされ、気の毒がられたものだった。

そしてコンサルティング・ファームに至っては、当時の学生のうちほとんどの人間が、その存在すら知らなかったことだろう。

ハーバードの卒業生をめぐっては、毎年企業の壮絶なリクルーティング活動が行われていた。アメリカを代表する企業の数々が、優秀な学生に来てもらおうと、あの手この手で採用活動を展開していたのだ。

三菱商事に戻ることになっていた私には関係ないのだが、面白そうなのでいろいろ観察してみたり、話だけでも聞いてみたりした。そして、その内容は当時の私にとっては驚くことばかりだった。

たとえば、「冷やかしでいいからぜひ訪ねてきてほしい」という熱心な誘いを受けて、あるインベストメント・バンクの面接にいったときのことだ。最高幹部との面接のために、会場の高級ホテルを訪ねると、今まで見たこともないような美しい白人の女性が、妖艶な衣装で出迎えてくれた。色仕掛けというわけでもないのだろうが、「こんな美しい人がいるのか」「そしてそんな人が採用係なんだ」と、日本とは何もかも違う世界に大きな衝撃を受けるとともに、目的のためには手段を選ばない、インベストメント・バンクの真髄を見た思いがした。

学生の意識の違いにも驚いた。当時の日本は大企業全盛時代。優秀な学生は官公庁に入るか大企業にいくものと決まっていた。三菱商事、日本興業銀行、新日本製鐵、トヨタ自動車……。こうした大企業に就職することが優秀さの証であり、人々の憧れだった。

だが、ハーバードでは、成績中間層ですら中堅のコンサルティング・ファームを目指し、ＩＢＭだＧＭだＧＥだという、日本人でも知っているような著名一流企業にいくのは、成績下位三分の一の学生だった。

そうした企業にいく、あるアメリカ人の学生に訊いてみた。すると、

「僕は地元の大学では天下の大秀才だと思われていたけれど、ハーバードに来てみたら、自分より頭が切れる人間が大勢いた。彼らと戦って勝てるとも思えない。失業の不安のない大企業にいけば、出世は遅いし、夢のような高給は望めないと思うけれど、コツコツ努力すればある程度のところまではいける」

という答えが返ってきた。

大企業が、目指すべき目標ではなく、滑り止めのような存在でしかないことを知り、日本とまったく違う職業観、価値基準にただただ驚くより他なかった。

だが、近年は日本でも、当時のアメリカの感覚に近づいてきているのではないだろうか。「大企業への信奉」こそ日本特有の事情からか衰える気配がないが、ベンチャー起業は「かっこいい」こととしてもてはやされ、かつて証券会社にあったような負のイメージは今ではまったくといっていいほどなくなっている。

そしてコンサルティング・ファームは今や、学生の就職希望最上位に必ず上がってくる人気職種である。

まさに「三〇年遅れて」これらの職業の価値がやっと、日本でも認識されつつある。だが、逆に言えば欧米では、三〇年も前からコンサルティングというものが当たり前であったわけだ。この差は大きい。

「傭兵部隊」に抵抗のない欧米の会社

このような歴史の違いがあるため、欧米では今や、企業がコンサルティング・ファームを雇うことは極めて日常的だ。むしろ、一流企業でコンサルティング・ファームを雇っていない会社は数えるほどしかない。コンサルタントを雇っていないということが話題になることはあっても、コンサルタントを雇っていることが話題になることはない。欧米では、それほど広くコンサルティングが受け入れられている。

その理由には、民族性という面もあるだろう。元々欧米の人々は、高い能力を外部に求めることにあまり抵抗がない。日本では法務部を作り東大法学部枠を何十人も抱えている大企業があるが、欧米では法務部があっても弁護士をタイムトゥタイムで雇い入れているに過ぎない。

軍隊を例に出すとわかりやすい。ヨーロッパには傭兵の習慣が古くからあるし、現代でも「フランス外人部隊」に代表されるような外国人部隊が存在する。

雇った傭兵がいざというとき戦わずに逃げてしまうかといえばそんなことはなく、召集した兵隊よりも、よほど勇敢で戦闘力を備えている。裏を返せば、戦場で役に立たない傭兵であれば、誰もお金を払ってまで雇わない。

企業活動に当てはめて考えてみると、一流のコンサルティング・ファームの一流のコンサルタントというのは、屈強で勇敢な傭兵のようなものだ。

†なぜコンサルタントは「傭兵」であり続けているのか

そういう優秀な人材なら、自社の社員として雇ってしまえばいいという意見もあるだろう。だがこれは、さまざまな点で現実的ではない。

一つには、企業側の受け入れの問題がある。欧米においてコンサルタントはMBAを取得しているエリートであり、当然、それなりの給与や待遇が求められる。同じ年齢の大卒、たとえば三〇歳のGMやGEの社員に比べ、大手コンサルティング会社の人間は、MBAであるせいもあるが、まず倍の給料が与えられている。

こんなことは日本の大企業ではまず不可能だ。仮にやっても、それは企業にとって大きな負担となるし、社内の和を乱すことにもなりかねない。極端なたとえをすれば、現役メジャーリーガーを地方の独立リーグのチームが雇おうとするようなものだ。年俸が大きな負担になるだけでなく、チームもまとまるわけがない。

もう一つの理由は、そもそも経営戦略というものは、決して年がら年中立てるような代物ではないということだ。

長期計画で言えば五年に一回、半年の時間をかけて戦略を作る。そのための要員を常時抱えていると、残りの四年半は何も仕事がなく遊ばせておくことになる。つまり、必要な期間だけ人を雇う場合と比べると、一〇倍ものコスト差が出ることになる。臨時でしか発生しないものを常設するとコストが高くなるというのは当然の道理である。

それでは、その優秀な人に四年半他部門で働いてもらって、半年だけ経営戦略部門に回したらどうかというのが平均的日本の大企業の考え方だ。だが、残念ながら経営戦略というものは戦略立案の経験が一、二回しかない素人にできるほど簡単なものではないし、何よりも専門的な技がいる。

これは昔、ＪＡＬ（日本航空）のコンサルティングをしていたときに驚かされたことの一つだ。乗客に切符を出すグランドホステスをピーク時に必要な人数分、正社員で雇っていたことに、気絶しそうになったものだ。当たり前だが、ボトム時の人数で十分で、後はＯＧとかアルバイトを教育して使うのが、経営の常識というものなのだが。

ともあれ、会社というものが利益追求体であるという前提に立つと、経営戦略部隊を組織の中に常駐させることはあり得ない。日本の大企業の経営企画部や社長室も、実際には戦略立案部門というより社内調整機能部門として力を発揮しているのだ。

これと似た例として、異業種のＭ＆Ａがあるだろう。欧米ではＭ＆Ａは日常的に行われていて、そこで多くのコンサルタントたちが活躍している。

Ｍ＆Ａも同業であればまだ、自分たちの土地勘にもとづいて自前で取り組むこともできるが、異業種ともなると勘所を押さえるのが難しい。とはいえ当然、相手の会社の評価やＭ＆Ａに伴うリスク分析は必要不可欠だ。

だが、いつ発生するかわからないこうした特殊なイベントのために、社員を雇っておくのは実に非合理だ。こうしたことから、欧米の企業では、一流のコンサルタントを時間借りすることがごく当たり前となっている。たまにしかいかない北海道の別荘のために車を買って駐車場を借りるより、レンタカーにしたほうが割安だ、と言えばわかってもらえるだろうか。

✝何でも抱え込もうとする日本人の習性

一方の日本企業は、何でも自前で持ちたがるという特徴がある。

私がそんなメンタリティを痛感するのが、飲み屋での「ボトルキープ」である。あのようなシステムはあまり他の国では見ないもので、なんでも自分で持ちたがる日本人の象徴に思えてならない。また、最近でこそ車のシェアリングが少しずつ流行りだしているが、土日しか使わないにもかかわらず、高い駐車場代を負担してまでマイカーを所有することに、日本人は長きにわたってこだわってきた。

さらに、今でこそ日本の船会社が運航する船に日本人が一人も乗っていないということも起こるようになってきたが、昔は日本の船は全員日本人というのが相場だった。欧米人はそれを見て、「今にコストが立ち行かなくなる」と言っていたが、まさにそのとおりになっている。

日本のこうした自前主義は、根が農耕民族だというところに原因があるような気がする。企業は利益追求体ではなく運命共同体であり、雇うほうも雇われるほうも終身雇用を目指すし、赤字はまずいが利益は二の次でいいという発想は、まさに農耕民族的な発想から生まれるものである。経営戦略を作る部隊もプロパーの社員で固めようというのも同じことだ。

一方、欧米人はやはり根が狩猟民族なのだろう。足りないものは獲ってくれば、借りてくればいいという発想に馴染んでいる。

†日本でも戦略コンサルティングが不可欠の時代に

そんな「自前主義」のメンタリティを持つ日本人が、一九八〇年代以降、徐々にコンサルティング・ファームを雇うようになってきたのは、なぜなのだろうか？

これはやはり、時代の要請が一番大きかっただろう。

それまでは、大蔵省（現・財務省）や通商産業省（現・経済産業省）の保護のもと、国内市場で日本企業同士で戦っていればよかった。霞が関が海外勢から守ってくれたから、どの会社も日本の同業他社に勝っていればよかったのだ。戦略なんていらない。同業他社よりちょっぴり優秀ならよかったからだ。

だが、国際化の波には抗《あらが》えず、外国企業とも競争しなければならないようになってきた。

そのためには、彼らと対抗しうる戦略を作る必要がある。だが、同時にコア業務へ集中し、競争力の強化を図る努力も怠るわけにはいかない。こういったコア業務に優秀な人材を回さねばならないため、経営戦略部門にばかり人材を集めるわけにはいかない。

そこで、戦略コンサルティングの出番となってきたのだ。

先ほど、日本でコンサルティングの扉を開いたのはホンダだという話をした。ホンダは、そのあたりの本質を見事に見抜いていた。

そのことを実感させるこんなエピソードがあった。

コンサルティング・ファームを雇うには、当然それ相応の金額が発生する。そのため、ホンダは徐々に経営戦略部門の人員を減らしていた。あるとき、経営戦略部門の人が、ふと冗談をこぼした。

「このままコンサルティング・ファームにお世話になっていたら、うちの部なくなっちゃいますよ」

「なくなって何が悪い」

と答えたのは、当時の大久保叡専務（後に会長）だった。言っていることが本気か冗談かはともかく、ケタ違いにスケールの大きな人物だった。私の生涯で最も尊敬する経営者の一人である。

その大胆さに私は驚いたが、こうした意識こそが、ホンダを世界のホンダに育て上げたのだろう。そういう割り切った見方が自然にできることが、ホンダをダイナミックで先進的な企業たらしめていると、このとき私はつくづく思ったものだ。

戦略コンサルティング「四つの意義」

✝コンサルタント活用の定番とは？

コンサルティング・ファームの需要が増えてきた理由には、ここまで述べてきたように、コア業務に集中するために戦略立案業務をプロフェッショナルに外注してしまおう、というニーズが高まってきたことがある。そのほうが企業は人材を有効に活用できるし、そもそもプロに任せたほうが、確実にいい戦略が立てられる。

このようなコンサルティング活用の例として、新規事業や海外進出をする際にコンサルティング・ファームを雇う、ということがある。経験したことがない分野や国へ進出するにあたって、未知の部分を埋めるために企業はコンサルタントを雇うわけだ。この場合のコンサルタントは、企業が土地勘のないところを歩むための道案内、エベレスト登山のシェルパと同じとも言える。

道案内がいれば、自力で道を進むよりも、リスクを減らすことができるし、道に迷うこともなく、時間をはるかに節約することができる。時間は、ビジネスにおいて重要な要素だ。一年参入が遅れるだけで数十億円の機会損失が出るというようなことはざらにある。この場合、コンサルタントは時間という価値を企業に提供している。

だが、これら新規参入や海外進出、あるいは前に説明したM&Aといった事業は、あくまでイレギュラーな案件だ。企業に大きなインパクトを与えることができるのはやはり「本業」への戦略コンサルティングとなる。

コンサルティング・ファームが企業の本業の役に立てるのは、企業の戦略立案部門の手間を減らせる、というレベルの話ではない。それでは単なるアウトソーシングだ。

企業の戦略立案部門の負担を減らしつつ、より大きな付加価値を生み出すことこそ、コンサルティング・ファームの真髄だ。

ではなぜ、コンサルティング・ファームは企業戦略に大きな付加価値をつけることができるのか？　コンサルティング・ファームを雇う意義には大きく分けて四つある。

✝意義①　企業は往々にして、顧客を把握できていない

まず一つ目は、コンサルタントは買う側の視点を提供できるということだ。

確かに企業にもマーケティング部門があって、市場のニーズや動向を調査してはいるだろう。だが多くの場合、企業はユーザーのことをわかっているようでわかっていない。特に、市場が急激に変化しているときが顕著で、企業は、ユーザーの変化にまったく気づいていないことが多い。

それはなぜかと言えば、企業とエンドユーザーの間には、問屋や卸、あるいは小売店が入っているのが通例だからだ。つまり企業はユーザーと直接の接点を持っていないわけで、企業が思うユーザー像と、実態としてのユーザー像の間には大きな開きが出る。ユーザーの変化をつかめなくても当然だ。

ここでの例外は電話で販売する通販だ。この手の会社はマイナーだが、けっこうしぶとく生き残っていたりするのは、ユーザーニーズの変化を大手より早く捉えているからだ。

また、そもそも、企業は何らかの商品やサービスのサプライヤーだ。生命保険会社であれば保険サービスを、自動車会社であれば自動車を供給している。サプライヤーというのは、「どうしたらもっと売れるのか?」ということに囚われてしまいがちで、純粋に買う側の立場になって考えることができない。だから、仮に顧客との直接の接点を持っていたとしても、ユーザーの「どういうものが買いたい」「どういうものは買いたくない」という本当の思いにはなかなか気づくことができないのだ。コンサルタントは、そこにユーザー側の視点を提供する。

✝意義②「過去の成功体験」が発展を阻害する

二つ目のポイントは、企業は往々にして「プロの常識」に縛られてしまっているということが挙げられる。それは業界慣習といったものや、過去の成功体験といったものだ。

長年続く成功体験は、ときに新しい発想が生まれるのを阻害する要因にもなる。特に変化が激しい状況において、常識はむしろマイナスに作用する。昨日の正解が今日の正解とは限らないのが現代という時代なのだ。

これをその昔、私は「成功の復讐」と名付けた。ビジネスでも人生でも、初体験で決定的につまずく人がいれば、それは単に軽率だという話だ。しかし、立派な人が大失敗するというのは、過去の成功に復讐されるときだ。その理由は明快。環境変化の一語に尽きる。その点、我々コンサルタントは、こうした企業の常識から自由な立場で物事を見ることができる。

視点を変えると、同じものが違ったものに見えてくることは多い。たとえば、円筒形は横から見れば長方形だが、上から見れば円形である。

企業においても、これまで気づかなかった新しい視点から既存の事業を見ることができれば、事業を新しいものとして捉え直すことができるようになる。その先に、新しい戦略の立案が可能になる。

だが、皮肉なことにこれはコンサルティング業界でもよく見られることだ。業界最古のブーズ・アレンがすたれ、新興のＢＣＧがのし上がってきたのも同じ理由である。そして今、私たちのドリームインキュベータがＢＣＧやマッキンゼーに勝ち始めたのも、まさに同じ理由であろう。この世は「成功の復讐」の連続であり、皮肉が利きすぎているのが現実だ。そして、いつかドリームインキュベータも、戦線が伸びきったときには次の新興勢力にやられるだろう。

✝意義③「因果関係」を徹底的に追求できる

三つ目の理由は、コンサルタントは物事を徹底して因果関係で捉える、ということにある。この視点が、企業にとって非常に重要なのだ。

たとえば、過去に売れた商品と売れなかった商品をリストアップして、そこから売れた理由、売れなかった理由を分析したり、グラフを描いてアンケートの結果の相関関係を捉えたり、というようなことは、企業の忙しい日常の中で、まず行われることはない。

だから私はある企業のコンサルティングに入ったら、「売れている商品○○個と、逆に売れていない商品○○個を見せてください」「トップセールスとダメセールスを各二人紹介してください」などとお願いすることが多い。そして、その因果関係を分析し「売れる商品の共通点」「売れない商品の共通点」「売れるセールスの共通点」「売れないセールスの共通点」を分析するだけで、企業の人は眼からウロコが落ちたような顔をする。だが、これは魔法でもなんでもなく、因果関係を徹底して考えれば本当は誰にでも簡単に導き出せる結論なのだ。

今ある結果をもたらした原因を、過去にステップバックして見つめ直せることが、コンサルタントがもたらす価値の一つだ。

✝意義④ 戦略立案には技術と経験が必要

四つ目は、戦略を設計するにも技術と経験が必要なことだ。そして、戦略コンサルティング・ファームは、そのための豊富な経験と人材を持つ、戦略立案のプロである。

技術と経験がない人が戦略を立てようとすると、往々にして陥ってしまうワナがある。それは、過去の延長で未来を見てしまうということだ。未来を予測することは本当に難しいが、一つだけ言えることがあるとすれば、「未来は過去の延長線上にはない」ということ。テン、テン、テン、テンの上には未来はないのである。

戦略とは、未来に向けたものでなければ意味がない。そして、未来は変化する。だから未来の変化を見越して戦略を立てる必要がある。

たとえば、技術革新が起きれば経営環境は変わる。経営環境が変われば、当然企業活動の結果も変わる。環境変化を十分に読み取らないと、未来にも役立つ戦略を立てることはできない。これには、一定の経験知が必要だ。

戦略を立てるには論理力も欠かせない。だが日本では、論理力を鍛える教育がまったくといってもいいほどなされていない。論理のないところに戦略や経営計画は成り立たない。

一方、コンサルタントにとっては論理がすべてだ。常に理詰めで物事を考えることが要求されるし、社内での会話でも常に論理が求められる。だから経営コンサルタントが女性にもてないというのは、百年前からの定説である。

未来の変化を読む力と、鍛え上げられた論理力。この両方が、企業を大きく成長させる戦略を立てることを可能にする。

✝「本業に変化をもたらす仕事」こそ面白い！

企業の本業に変化をもたらすことは、革命的な価値を持っている。新規事業や海外進出は、元々何もなかった領域であり、企業にとっては枝葉の部分でしかない。本業は、言うまでもなく企業の主戦場であり、そこでパフォーマンスが向上することは、企業全体の収益にも計り知れない効果をもたらすからだ。売上が一〇％増えるだけで、利益が二〇％向上するようなこともある。これは、企業にとって非常に大きなインパクトだ。

そういう価値を提供するのが一流のコンサルタントというものだ。

私は、こういう仕事のときにこそ最も生きがいを感じてきた。だから、誰一人としてそんなに続けようとしなかった三〇年という年月にわたって、この仕事を続けてきたのだと思う。

この業界を経験した人たち、たとえば大前研一氏や、私の教え子で私の後にＢＣＧの代表となって引退した内田和成氏にしても、私のことをバカなヤツだと思ってあきれていることだろう。彼らはこの仕事の本質を知っているからだ。

実際、世界的に見ても戦略コンサルタントを三〇年もやるような人間は、エントリーレベルからみると一〇〇人に一人どころではなく、一〇〇〇人に一人というようなバカな話で、日本人では今のところ私一人しかいない。

コンサルティングは本当に役に立つのか？

✝実践で鍛え抜かれたコンサルティング理論

欧米ではすでに当たり前、日本でも取り入れる企業が増えてきたとはいえ、まだまだコンサルティング・ファーム導入に抵抗を示す人は多い。だが、コンサルティング導入に反対するそうした人の声は、ほとんどの場合、コンサルティングというものを知らないがための誤解である。

たとえば、私の知っている限り、戦略コンサルティング・ファームではない会社、たとえば総研系や会計系に戦略立案を発注して、その結果に不満を持って反対するといったマンガのような話が本当に多い。

また、代表的な批判として、

「コンサルタントの理論など、机上の空論だ」

というものがある。

この批判はまさに、戦略コンサルタントが誕生した五〇年前に浴びせられたものと同じだ。前述したとおり、その批判に対してBCGおよびブルース・ヘンダーソンが出した答えが、TI（テキサス・インスツルメント）社およびデュポン社での圧倒的な成功であった。

本書でもすでに取り上げた経験曲線（experience curve：エクスペリエンス・カーブ）やPPM（Product Portfolio Management）は、いずれもBCGが実践の中で生み出した理論だ。つまり、理論とはいえ現実から乖離《かいり》した空理空論ではなく、経営の実践の現場で裏打ちされた理論なのだ。

そしてその後もBCGおよび各コンサルティング・ファームは、理論を実践で検証しつつ、そのコンサルティング手法を磨き続けている。それらの理論は、今度は経営学の教科書に採用され、それを世界中の経営者たちが学び、活用している。「コンサルタントの理論など、机上の空論だ」というのは、コンサルティングの世界のことをまったく知らない人間のたわごとである。

そもそもどんな分野でも、「教科書」は多くの先人の経験をもとに作られた、正しい理論である。もちろん、教科書を読んだだけでは身につかない。教科書に書いてあるとおりにやっても、うまくいくことなど滅多にない。だが、だからといって教科書の内容を否定するのは本末転倒というものだ。理論を正しく実践できないとしたら、その人の使い方が間違っているだけだ。

もっとも、「アメリカで通用した理論が、日本で通用するのか」という意見については、一考の余地がある。これについては別項で改めて触れたい。

✝経営者とコンサルタントは、選手とコーチの関係と同じ

そしてもう一つ、多い批判がある。

「経営者は経営のプロ。現場を知らないコンサルタントが、なぜそんな人に意見できるのか」

というものである。

これについては、ある意味日本特有の問題と言えるかもしれない。欧米の企業は、コンサルティングを長く使ってきた歴史があり、社会全体としてコンサルタントへの理解度も尊敬の念も高いが、日本ではそうではない。だから、「経営をやったこともない人間にわかるわけがない」とコンサルタントにあからさまな不信感を示す人もいる。

実は、ホンダの入交氏も、最初はそうだった。いつだったか、

「あんた、オートバイを開発したこともないのに何がわかる！」

と、いきなり言われ、こちらもカッとなり、

「じゃああなたはずっと開発しているけれど、ちっとも売れていないじゃないか！　だから一緒に仕事することになったんだろう」

と怒鳴り返して、取っ組み合いの喧嘩を始めたことすらあった。

これについては、選手とコーチの関係を思い浮かべていただきたい。

スポーツの世界では、一流の選手に一流のコーチがついていることはもはや常識だ。ゴルフのタイガー・ウッズ選手にも、石川遼選手にもコーチがついている。

では、彼らのコーチは、ウッズ選手や石川選手より選手として優れていたのだろうか？　もっと良いスコアでラウンドできるのだろうか？　そんなはずはない。選手としては大成しなかったが、コーチとして一流になった人は枚挙に暇がない。選手としての実力とコーチとしての力量はイコールではない。

あるいはフィジカルトレーニングやメンタルトレーニングのコーチなどとなると、担当している選手の競技すらやったことがない人もいることだろう。

むしろコーチに求められるのは、理論に対する深い理解と、前に述べたような客観的な視点である。この二つがあるからこそ、選手は迷いなく競技に集中することができる。経営者とコンサルタントの関係も同じである。

野球の世界で言えば、二〇一〇年のシーズンで日本シリーズを制したロッテの金森栄治バッティング・コーチの存在がその典型だろう。金森コーチは、現役時代は決してスター選手だったわけではない。打率三割こそ何度も達成しているが、約一五年の選手生活で安打数は六〇〇弱に過ぎない。だが、金森コーチの独特だが理に適《かな》ったバッティング理論が実を結び、ロッテのチーム打率はパ・リーグトップの二割七分五厘を記録し、日本一への大きな原動力となった。ロッテだけでなく、中日ドラゴンズの和田一浩選手はじめ、金森コーチの「作品」は多い。

✝企業とコンサルタントの理想の関係が、大きな成果を生み出す

そして、選手はコーチで大きく変わる。先の北京オリンピックでは、中国がシンクロナイズドスイミングで躍進を遂げてメダルを獲得した。それをもたらしたのは日本人の井村雅代コーチだ。一方、井村コーチが去った日本チームは、オリンピックで長年ずっと守り

続けてきたメダルを失った。一人のコーチの去就が、国の明暗を分けてしまったのだ。

少々余談になるが、長年「一流の選手でなければ一流のコーチになれない」という呪縛に縛られていたのが、日本のプロ野球の世界である。各チームの歴代の監督を見ればわかるとおり、多くは現役時代スターだった選手たちが、コーチとしての修業すら積まずに監督に就任することもある。ヤクルトの古田敦也元監督はその典型例だろう。

だが、努力の結果名選手になった人ならともかく、いわゆる天才肌の選手だった人は、野球を理論立てて説明することができない。だから選手が育てられない。もちろん、人気取りが必要だったという側面もあるだろうが、こうした一流選手出身の監督が多くの若手を潰してきたという側面はあるのではないだろうか。

そういう意味で、二〇一〇年のロッテの日本一は、やはり現役時代にスターとは言えなかった西村徳文監督と金森コーチのコンビが達成したという意味で、非常に画期的だったと思っている。野球界だけでなく、日本人全体が「何かを学ぶ」チャンスを与えてもらったといえるだろう。

同様のケースは、ビジネスの世界でも珍しいことではない。「伝説の営業マン」などと呼ばれて注文を取ることは得意でも、いざ出世して管理職になったとたんに部下を潰していくような営業マネージャーは枚挙に暇がない。いくら自分に能力があっても、それを理論立てて部下に伝える力がないと、人は育たない。そしていつまでたっても組織はよくならないのだ。

もちろん、コーチだけですべてがよくなるわけではない。どれだけ優秀なコーチであっても、才能のない選手を一流に育て上げることはできない。才能のある選手がいて、優秀なコーチと二人三脚で取り組んで、初めて一つのものが生まれてくる。コンサルタントと企業の関係も同じことだ。

もっとも、「雨降って地固まる」ではないが、大喧嘩から始まったホンダの入交氏との関係は、彼がホンダを去った後でも長く続いていくのだから、面白いものである。

アメリカの手法は、日本でそのまま使えるのか？

†BCGも最初は「直輸入」だった

外資系コンサルティング・ファームが日本に進出するにあたって、問題になったことがある。それが、「アメリカで開発されたコンサルティング手法は、果たして日本でそのまま使えるのか」ということであった。

この問題は今でも、どちらかというと否定的に、つまり「アメリカで生まれた手法が日本で通用するわけがない」という文脈で使われることがある。果たして、この論は正しいのだろうか？

実際、私がBCGに入社した頃のコンサルティング手法は、アメリカのやり方を直訳したようなものだった。この頃は、どこのコンサルティング・ファームも同じようなものであったろう。

だが、現実にはアメリカ式をそのまま当てはめるのではうまくいかないことが増えていた。当時、マッキンゼーが住友銀行の案件を手掛けたことが話題になっていたが、これも結局アメリカ流が日本企業に馴染まず、うまくいかなかった。

こういう例を見ていた私は、コンサルティングの手法を日本企業に向けてどのようにアレンジしていくかで、いろいろと苦心した。そういう意味で、最初に手掛けた大きな案件がホンダだったことは、大いに役立った。

その後も試行錯誤を続け、ＢＣＧのコンサルティングはアメリカの理論を基本にしながらも、日本流にアレンジされたものとして完成されていった。そしてそれを一段と日本化して、官民一体となって発展していくビジネスモデルを作ったのが、ドリームインキュベータである。もっとも、その域まで来るのに三〇年、堀、山川（現社長）と二代かかった。

ともあれ、多かれ少なかれ、他のコンサルティング・ファームも、日本流のアレンジをほどこしている。そういう意味では、

「アメリカで生まれた手法が日本で通用するわけがない」

という批判に対しては、

「今どき、アメリカの手法をそのまま使っているようなコンサルティング・ファームはない」

と答えることになるだろう。

†日本流のアレンジとはどういったものか？

では、具体的にどういうアレンジが必要なのか。

恐らく、方法論、手法は変わらないのだと思う。ただやはり、民族性や哲学といったものはコンサルティングの成功に大きく影響を及ぼす。たとえば以前、当人がやりたいというので、イギリス人のコンサルタントに日本企業のコンサルティングを担当してもらったことがある。だが、どうもクライアントが乗り気にならず、コンサルティングとしては失敗に終わってしまった。

また、たとえば欧米なら、データを集めて事実を積み上げ、それを元にグラフを書いて説明すれば、方向性が間違っていない限り納得してもらえる。だが、日本の経営者の中には、「その事実は誰が言ったことなのか？」「何に書いてあったことなのか？」といったことを疑う人が非常に多い。「この学会の資料はいい加減だから信用できない」というようなことを言いだすわけだ。

ならばこっちもそれに答えなくてはならない。「じゃあ、誰の言うことなら信じられるのですか？」と聞いて、具体的な人名が出てきたら、その人のところまでわざわざいって話を聞いてくる。それでも信用できないというのなら、その人の連絡先を教えて、「直接電話して聞いてみてください」とお願いする。

こういった伝え方の工夫なども、日本特有の方法論と言えるだろう。

✝ひと言で千数百億円が浮いたある案件

むしろ多いのが、日本と欧米の「常識」の違いで起こる問題である。

苦い思いをしたというわけではないが、日本企業ならではのエピソードもいろいろ味わった。そのうちの一つが、ある大手生命保険会社からの依頼だった。「アメリカのインベストメント・バンクを買収したい。そのためのコンサルティングをしてほしい」というものだったが、私はこの買収に大反対した。

彼らの買収目的は、株を一五％か二〇％程度所有し、自社の社員を一～二年駐在員として送り込むことだった。そうして、インベストメント・バンクのノウハウを学ぼうという目論見だった。

だが、これはインベストメント・バンクというものをあまりにも知らなさすぎる話と言わざるを得ない。インベストメント・バンクは、コンサルティング・ファームと同様、非常にタフな商売だ。野球にたとえるなら、血ヘドを吐くほど練習して、やっと一軍にいけるかどうかという厳しい環境だ。そこに、本社から給料をもらって、日本に戻れば身分が保障されているような人間を一年や二年派遣したところで、役にも立たなければ何も学べるわけがない。

ただ、そのときにはもう一つ理由があった。当時そのインベストメント・バンクの株価がとんでもなく高かったのだ。

インベストメント・バンクというのは、周期的に好不況を迎えるビジネスだ。世の景気動向に左右され、好況のときは株価が高く、不況のときは株価が安くなる。

「どうしても株を買いたいなら、二、三年待てば多分三分の一の値段で買えるはずです」

という話を私はした。買収のために雇ったコンサルタントに買収を反対され、クライアントは相当不満そうだったが、最終的には私の言うことを聞いてくれた。

それから二、三年経って、そのインベストメント・バンクの株価が本当に三分の一になった。クライアントは大いに喜んだ。資産運用担当の副社長以下、部門の幹部総出の大宴会に私も招待された。

「二〇〇〇億円出すつもりでいたのが、おかげで千数百億円節約できた。今日どれだけ飲んでどれだけ騒いでも、一〇〇〇万円も使えない。こんなの安いもんだ」ということで、ヒョットコやオカメの仮面をつけて皆で踊り狂うというバカ騒ぎをやった。

私はこのときの資産担当の副社長も大変尊敬している。あのバブルの最中、ライバル会社がインベストメント・バンクを買っているとき、よく社内の批判を一身に引き受けて私の意見を聞いてくれたと思う。自分の保身より会社が大事と思っていたからこそ取れた行動だろう。

ＢＣＧにいた頃、この話を欧米のコンサルタントに伝えては、よく目を丸くされたものだ。もちろん、お国の事情が変われば、他の国の風習に驚くことはいくらでもある。

アメリカで生まれた戦略コンサルティングを日本に導入するにあたっても、そういう文化的な障壁をいくつも乗り越えなければならなかったということだ。

もっとも、こうした経験がすべて、日本で通用する戦略コンサルティングのスタイルを確立するための糧となった。本書ではこの後、戦略コンサルティングとはどういったものか、コンサルタントに求められるものは何かといったことをお話ししていくが、そこで語られるものはすべて、単なる欧米直輸入のものではなく、日本の現場で鍛えられ、磨き上げられてきたものであることを言っておきたい。

そして、私のこの三〇年の集大成を今、ドリームインキュベータの山川隆義社長、執行役員の三宅孝之、竹内孝明、岩本隆といった人たちがさらに大きな形にし始めている。政策×戦略×技術と名付けた究極のコンサルティングがそれであるが、これについては最終章で詳しく述べたい。

第3章

コンサルタントは、生半可な能力では務まらない

――求められるスキルとマインド

コンサルティングに「答え」はない

✝「答えを教える」のではなく「考える」ことが仕事

「堀さん、本当は答えを知っているんでしょう？　もったいぶらないでさっさと答えを教えてよ」

コンサルティングをしていると、たまにクライアントからこのようなことを言われることがある。だが、こういうことを言う方は、コンサルティングという仕事について大いなる誤解をしている。

本書の冒頭で私が紹介したエピソードを思い出していただきたい。「何が問題かがわからない」と言った私に、ハーバードのビショップ教授は、「それこそが最高の学びだ」と教えてくれた。そう、ハーバードで学んだ一番大切なことは、知識ではなく「何が問題か」を見つけ出し、その解決策を探し出すということであった。

これは、コンサルティングという仕事そのものにも当てはまる。コンサルティングの仕事の本質とは、「何が問題かを突き止め、その答えを考える」ということ。つまり、「知っていることを教える」のではなく、「考える」ことこそがこの仕事の価値なのである。

そもそも私は、知っていることを教えることでお金をいただくのは、コンサルタントとして邪道だと考えている。企業がコンサルティング・ファームに払う金額は少なくはない。それなりの金額をいただいておきながら、提供するのが「知識」だけというのでは、いくらなんでも見合わないと、私は考えるのだ。

だから私は知っていることはタダ、ないしはタダ同様、たとえばこの本のように一冊一〇〇〇円以下で教える。この本が安いのは、私の知っていることを書いているからだ。我々がお金をもらうのは、むしろ「考える」ことに対する対価である。

なぜ、日本人は「答え」を求めようとするのか？

それをおかしいと言う人もいる。「知っていることを教えるのならばお金を取ってもいいけれど、知らないことでお金を取るのはとんでもない」と言うのだ。

これは正直、価値観の違いと言うしかない。企業には、コンサルタントを雇う自由もあれば雇わない自由もある。「考えることに対してお金をいただく」という考え方に馴染めない人は、コンサルタントを雇わないほうがいい。あるいは、「知識を教えてくれる」「答えを教えてくれる」コンサルタント（私の定義では、それは「コンサルタント」ではないのだが）に仕事を頼めばいい。私はそれらを「戦略コンサルティングではない」と言っているだけであって、そのビジネスそのものや、そういう人を否定するものではない。

だが、こうした「誰かが答えを教えてくれる」という考え方を持ったままでは、会社の経営は今後ますます厳しくなってくるのではないかと思う。世の中のスピードがますます早くなり、今までの経験則が通じなくなってきているからだ。端的に言えば、二番煎じでよければ教えられるが、「一番」はクライアントとコンサルタントが一緒になってヒーヒー言って考えなければ生まれてこない、ということだ。だから、二番でよいと言う蓮舫大臣は、決してコンサルタントは雇わないだろう（もっとも個人的には彼女とは旧知の仲だし、とてもステキな人だと思っているが……）。

それでも、「答え」を得ようとする経営者はまだ多い。思うに、この考え方の違いの根本的な原因は教育にある。

日本の学校教育では、あらかじめ設定された問題の答えを教えることしかしない。しかも、常に答えが一つになるような問題しか扱わない。答えが複数考えられるようなもの、そもそも一つの明確な答えを出しようがない問題を追究しようとはしない。だが、その考え方から抜け出せないと、コンサルティングという無形のものに価値を見出すことは難しい。

それを、文化や習慣の違いと言ってしまえばそれまでだが、答えのある問題にしか意味を見出せないとすると、グローバル競争がますます盛んになるこれからの時代を生き抜いていくことはできない。

ともあれ、戦略コンサルティング・ファームの仕事とは、答えを教えることではない。答えを「考える」ことであり、そこにかかる時間と労力に対して対価をいただくのである。

コンサルティングは「インタビュー」に始まる

†バーンアウト続出のコンサルティングという仕事

「考える」ことが仕事だ、などというと、いかにも気楽な仕事だと思う人もいるかもしれないが、とんでもない。はっきり言って、コンサルタントの仕事は他のどんな仕事よりもハードだ。後で触れるが、数年の仕事でバーンアウト（燃え尽き症候群）してしまう人が続出するくらいの激務である。

その一つの理由として、「考えることには終わりがない」ということがある。「唯一絶対の答えがない」ということは、いくらでも考えを突き詰める余地があるということだ。だから終わりがない。しかも考えるということはいつでも、どこでもできるから、会社を出たら「はい終わり」というわけにはいかない。帰りの電車の中でも、風呂の中でも、一日中仕事のことを考え続けてしまう。

そしてもちろん、机の前にじっと座って考えるだけでは、解決策など何も出てこない。

多くの仕事と同様、コンサルタントの仕事も「現場第一」である。現場とはどこかと言えば、この場合はクライアント企業ということになる。毎日のように現場に足を運び、社員の話はもちろん、取引先企業を訪問して話を聞くこともある。時間はいくらあっても足りない。当然、仕事は早朝から深夜までに及ぶ。

✝問題解決のヒントは「ズレ」にあり！

コンサルティングの仕事は、まずインタビューから始まる。インタビューをして、その情報を元に経営状況を分析するところがスタートとなるのだ。

話を聞くのは、企業のあらゆる立場にいる人だ。経営者はもちろんのこと、幹部層、中間管理職、現場にも話を聞きにいく。もっとも、時間にも予算にも限りがあるから、全員の話を聞くわけにはいかない。そもそも、多くの人から聞けば聞くほどいい、というものでもない。限られた時間で、最大限の情報を集めるようにする。

話を聞いただけで問題が見えてくる、というほど甘い世界ではない。また、現場の人には申し訳ないのだが、その人たちの言っていることが常に正しいわけではないと、常に疑って話を聞く必要がある。

だが、問題解決のヒントは得られる。それは、会社の各階層や各部門間での、現状認識の「ズレ」である。

トップの認識とミドルの認識が違う。ミドルの認識と現場の認識はまたさらに違う。本社と支店で見方が異なる。こうしたズレは多くの企業において、ほぼ確実に存在している。私は冗談でよく「ヘンデルとズレーテル」などと言っているが、それを探し出すことがヒアリングの第一歩。そこに多くのヒントが含まれているからだ。

ズレをつかんだら、次に事実関係を把握する。認識にズレがあったとしても、事実はたった一つのはずだ。だから客観的なデータを集めて、事実を確認する。すると、一つの事実が、どこでどのようにして違う見方をされ、トップとミドルと現場で認識のズレが発生してしまったのかがある程度見えてくる。

会社の中が見えてきたら、次に会社の外に目を向ける。

「部品を納めているサプライヤーは、その企業のことをどう見ているか」
「卸業者や小売業者は会社をどう見ているか」
「ユーザーは、企業や商品をどう見ているか」

こうした情報を集めて、現状を多面的に把握すること、すなわち「ヘンデルとズレーテル」の無数の発見がコンサルタントの最初の仕事だ。

情報というのは、どこかに転がっているものではない。本当に必要な情報は大抵の場合隠れている。その隠れている情報を、どのようにして探り当てるかが工夫のしどころだ。

✝やみくもに、たくさんの人から聞けばいいわけではない

前にも少し述べたが、インタビューは、誰彼構わず話を聞けばいいというものではない。ちょっとした規模の企業になれば、従業員が数万人も十数万人もいる。中間管理職だけで数千人単位もいる企業や、役員だけで数十人いる企業もある。全員に会って話を聞いていたら、時間がいくらあっても足りない。それだけでプロジェクトの時間も予算も食い潰してしまう。それに対して、

「限られた人から話を聞いただけで、その会社のことがわかるものなのか？」

という反論をいただくことがある。そういう人には逆に聞いてみたい。

「じゃあ、大企業の経営者は社員すべてと話しているのか？」

そもそも、社員全員と直接会って話をしないと経営ができないというのであれば、社員が数千人も一万人以上もいるような大企業の経営自体が成り立たないではないか。「全社

員が納得する経営」というようなことを謳っている企業もあるが、あれは方便に過ぎない。社員全員の納得を求めていたら、迅速な意思決定はできなくなる。そして何も変えられず、時代の変化に取り残されていくだけだ。

実際、社員全員と会って話をしなくても、企業の経営状況を把握することはできるし、会社を変えていくこともできる。時間的制約がある中で、必要最小限の人と会い、情報を集め、仮説を検証し、最終的にトップと戦略を決めていくのがコンサルタントに求められていることだ。

†限られた時間で最大限の情報を引き出すには「仮説」が必要

では、限られた時間内で最大限の情報を引き出すために必要なことは何か。それは、何よりも事前準備である。具体的には、「何が問題か」という「仮説」を立てておくことだ。

「おたくの会社が今厳しい状態である理由は何だと思いますか?」

などという漠然とした質問で、本質的な答えを引き出すことなど不可能だ。別に正しかろうと正しくなかろうと構わないので、まずは仮説を立てておく。

するとまず、「この仮説を検証するには、誰と誰に話を聞けばいいか」が見えてくる。

つまり、がむしゃらに話を聞くのではなく、誰に話を聞くべきかという絞り込みができる。これだけでずいぶん、時間の短縮になる。

また、インタビューの場面でも、

「私はこう考えているのですが、いかがですか？」

といったように仮説をぶつけることで、それに反対であっても賛成であっても、相手の意見をより多く引き出すことができるのだ。

そうして得られた情報を元に、また仮説を立て、インタビューをする。この繰り返しである。そうして、徐々に真の問題が明らかになってくる。

若手コンサルタントがたまに「情報が手に入らない」などと言ったりしているが、そんな甘ったれたことを言うようではコンサルタント失格だ。情報は手に入らないのが当たり前。どう工夫して情報に仕立て上げるかの問題である。そして、それを考えるのがコンサルティングの醍醐味だと私は思うのだ。

逆にすぐ手に入ってくるような情報は疑うべきである。実際、社内の権力争いなどによって、偽情報がリークされるなどということは、大企業の世界にはよくあることなのだ。

現場での発見をグラフに落とす

†何をx軸とy軸にするかで、コンサルタントの能力が問われる

現場で得た多くの情報は、もちろん、そのままでは使えない。独自に整理、分析した上で、「グラフ」としてまとめ上げる必要がある。

「コンサルタントの仕事をひと言で言うと何だ?」

と聞かれたら、私は、

「グラフを書くこと」

とでも答えるだろう。それほど、グラフというものはコンサルタントにとって重要だし、人や会社を動かす力のあるものだ。膨大なデータの羅列や長時間の演説など不要。真のコンサルタントは、グラフ一つで相手を納得させる。一枚のグラフで超大企業の戦略を大転換してもらった記憶は何回もある。それほど優れたグラフは雄弁である。

とはいえ、複雑なものは必要ない。x軸とy軸を決め、そこに線が引いてあるという、

よくあるタイプのグラフ一つで十分だ。

一番重要なのは、何をx軸にして、何をy軸にするのかということ。そして、xを変じるとyの値がどう変化するかといった、xとyの因果関係を突き止めること。これを探り出すことが、コンサルティングの仕事の本質なのだと言い切ってしまっていいと思う。

だからx軸とy軸が決まれば仕事は終わったも同然なのだが、これが非常に難しい。

たとえば、小売りの世界では通常、店の規模が大きいほど利益率が高くなる。規模（x）と利益率（y）は正比例の関係にある。

そこでこれを軸にしてグラフを作ってみるのだが、中にはこの常識に当てはまらないケースが出てくる。規模が小さいのに利益率が驚くほど高かったり、その反対で、規模が大きいのにほとんど利益が出ていなかったりする。

こういう「本来の論理」に則さない点がいくつか出てくるグラフは、金山の露天掘りのように貴重なお宝である。ここから次の思考、仮説を組み立てていくことで、大変な大発見につながっていくことが多いからだ。

こうした謎は、いくらグラフと向き合って考えていても解けない。ここは、やはり現場にいくことが重要となる。

自分で作ったグラフを持って、たとえば、規模が小さいのになぜか利益率の高い小売店に話を聞きにいく。そしてグラフを見せながら、話を聞く。

「このグラフは、横軸が規模で、縦軸が利益率になっていて、普通は規模が大きいほど利益率が高くなるんです。おたくのお店は、規模で言うとこのあたりで、おたくのライバルはこのあたりになるんです。でも、おたくはライバル店より規模が小さいのに利益をたくさん出しているじゃないですか。それってどうしてでしょうか？」

現場にいる叩き上げの人は、ビジネス・スクールで学ぶような経営学の言葉も理論も知らない人がほとんどである。このようなグラフを見たこともない人が大半だろう。にもかかわらず、彼らは驚くほど勘がいい。商売熱心で問題意識のある現場の人であればあるほど、即座にこういったグラフの本質を見抜いてしまう。

「それはお前、簡単だ。規模と利益率の二つしか見てないからわからないんだ。この商いごとの命運は商品構成をどうするかなんだよ。それで利益なんてものは決まってくるんだ」

そういうことを現場の人が教えてくれるわけだ。

そうなったら次はこの「商品構成」という要素を元にグラフを引き直してみる。本当にそれが利益率と因果関係があるのか、いろいろな情報を元に再検証していくわけだ。

✝グラフ一つで空気が変わる瞬間

こうして現場の声を集め、徹底的に考え抜かれたグラフが一つできれば、これ以上何も語ることはない。プレゼンテーションの場でそうしたグラフを見せた瞬間、参加者すべてが目からウロコが落ちたような顔をする。そんな瞬間に、今までのコンサルタント人生で何度も遭遇してきた。これは、コンサルティングという仕事の醍醐味であり、コンサルタントにしか味わえない至福のときである。

ちなみに、こうしたグラフを持って現場を回ると、面白いことがある。単なるインタビューにはまったく関心を示さなかったような人も、こうしたグラフを見せた瞬間、急に興味を持ち出すことが多いのだ。

「俺、この道何十年とやってきたけど、こんな説明してくれる人誰もいなかったよ。でも、さっきあんたが見せてくれたやつ、確かに俺らの商売こうなってると思うよ。あんたの話面白いからさ、この後続きを聞かせてくれよ。晩飯おごるからさ」

と、初対面の販売店の社長に誘われるようなことがしばしばあるのだ。こうなれば、より深い現場の話を聞けることは言うまでもない。ちなみに私は、こうして生まれて初めて、四時間前に知り合ったばかりの販売店のオジサンのおごりで横浜は馬車道の高級クラブとやらにデビューした。

コンサルティングの真髄は、現場インタビューとグラフにある。自分で見て、聞いて、調べて得た事実から、どれだけ相関の高いグラフを描き上げられるか、その相関を炙り出すために、現場インタビューで誰から何を聞き出せるか。

その両輪が、現実に即した戦略設計の土台となる。

「経験と勘」の両輪で、因果関係を探り出す

✝できるコンサルタントほど、「経験」と「勘」を重視する

先ほどのグラフの話でも述べたように、ビジネスというものは理論どおりにいくとは限らない。

よく、ＭＢＡ出身者に対する批判として、

「ビジネスなんて、そんな理屈どおりにいくわけがないだろう」

というものがあるが、それは確かにそのとおり。それを承知の上で、理論を元に仮説を出し、経験をベースに本質に迫るのがコンサルタントというものだ。この仕事が高度に知的で理論的であることは確かに間違いないが、理論一辺倒でまかりとおる世界でもないのだ。もしすべてを理論どおりに片付けようとするコンサルタントがいたら、それは二流である。

だからできるコンサルタントほど、理論以外のもの、たとえば経験や勘といったものを

重視する。

とはいえ、経験や勘だけでわたっていけるほど、今の世の中は甘くない。一昔前の商売であれば、勘さえよければ、理論的な裏付けがなくとも生き抜いていくことができたが、現代ではなかなかそうもいかなくなってきた。右脳と左脳、両者のバランスがとても重要な時代になっている。コンサルタントの重要性が増している背景には、この要因もあるだろう。

†手書きグラフには「勘」が不可欠

だが残念なことに、昨今のコンサルティングの世界を見ていると、左脳だけが強くて右脳が弱い人間が確実に増えている。グラフを描くというプロセスにおいて、そのことを如実に感じる。

これは、世の中が便利になりすぎたことが、その一因のように思えてならない。

私が若きコンサルタントだった頃、コンピュータは日常的に使えるような代物ではなかった。ハーバード大学院の大図書館にはあっても、自分の事務机の上にはなかった。グラフを描くのは手仕事で、グラフ用紙に数値を一つ一つ手でプロットしていく必要があった。当然、グラフの作成には膨大な時間がかかった。しかも、グラフの作り方を間違えると、その膨大な時間を空費することになる。

そういう状況であったために、グラフ用紙を選ぶところからして緊張を強いられた。グラフ用紙は、一般的なものから特殊なものまで、当時私の事務所には三〇種類近くのものが存在していた。片方だけが対数になっている片対数グラフ用紙、両方が対数になっている両対数グラフ用紙などだ。

この用紙の選択を間違えると、どれだけ丁寧にグラフを描いても、完成したグラフが意味をなさなくなる。何度も経験を積むと、どういう場合にどのグラフ用紙を使えばいいかの当たりをつけられるようになったが、そこに至るまでは、一からグラフを描き直すという苦労を何度も味わった。

アンケート結果の分析も、実に大変な作業だった。

以前、一〇〇個にも及ぶ質問の回答結果から、相関（正相関や負相関）の強いペアを見つけ出すという作業に取り組んだことがある。だが、一〇〇問の中から二つ選んでペアとして組み合わせるということは、計算上、およそ一〇〇の二乗で一万とおりの組み合わせが存在することを意味する。

エクセルなどない時代、すべての組み合わせをグラフに描き出すことなど、時間がかかりすぎて到底できない。そこで、回答のバラつき具合を見て、「問四五と問七〇の間には正の相関がありそうだ」と、ある程度当たりをつけて、候補を絞り込んでからグラフ作成に取り掛かっていた。現実問題として、そうした数学的な山勘を使わなければ、仕事にならなかったのだ。

†コンピュータ頼みのコンサルタントは迫力不足

今は、その作業をコンピュータが肩代わりしてくれる。一万とおりぐらいであれば、全パターンの相関をグラフにして、最も相関の強いものを選ぶことも簡単だ。

だが、コンサルティングでグラフを描くにあたって、最も重要なのは「何をxに選ぶか」ということだ。グラフを描くということは、因果関係を導き出すということ。正しいxをどう選び出すかが、コンサルタントの力量となる。

こうしたものは、単に数値を分析していけばわかるというものではない。分析も必要だが、ある段階で「これだ」と当たりをつけ、それを深掘りしていかねばならない。

私たちの時代は、コンピュータがなかったがゆえに、必然的にその部分の勘が磨かれた。今の人は、その最も大切な部分をコンピュータに頼り切っていて勘が磨かれない。それではコンサルタントとしていささか迫力不足だ。

このコンピュータの発展はもう一つ、求められる能力の変化を促している。

日本で一番難しい大学入学試験は、東大の試験だと言われている。そこで問われているのは、結局のところ暗記力と計算力だ。これは今も昔も変わらない。

コンピュータのない時代、暗記する、計算するという能力には大きな価値があった。だから、東大に合格することには社会的に大きな意味があった。

だが、今の時代はコンピュータがある。暗記と計算はコンピュータが最も得意とするところだ。知識の量でウィキペディアに勝る人はいないし、式さえ立てればコンピュータは驚くべきスピードで計算してくれる。

コンピュータがあり、時間が自由に使えさえすれば、誰でも東大の試験で満点に近い点数を取れるはずだ。つまり、東大に合格することはコンピュータ一台分ほどの価値しかない。

そんな、コンピュータが当たり前になった時代に、知識や計算力だけを磨いても意味がない。そういった意味でも、コンピュータに頼り切らず、経験と勘がもたらす直感を磨くことは、コンサルタントにとって重要だと言えるだろう。

と、ここまで書いて第三校のゲラを直している最中に、京大受験生の携帯不正使用事件が大きく報じられた。こんな不逞の輩が出てくると予想していたわけではないが、東大や京大の入試や合格に大した値打ちはないという長年の持論が、このオバカさんのおかげで証明されたような不思議な気分になった。それにしても、あまりにも絶妙なタイミングでこのような人間が登場したものだ。

哲学を語るな、事実を語れ

†事実！　事実！　事実！

さて、情報を集め、因果関係が見えてきたら、後はそれを戦略として組み上げていくことになる。そこで最も重要になるのが、「論理」と「事実」である。

コンサルタントにとって「論理」の重要性はここまで何度か述べてきたとおりだが、この論理は、絶対的な「事実」にもとづいていなければならない。事実なき論理は机上の空論である。人を動かす際に何よりも強いもの、それこそが「事実」である。

だから我々コンサルタントは、この事実を集めるための努力は惜しまない。だが、事実といってもいろいろあるので難しい。

コンサルティングをしていると、我々が積み上げた論理や因果関係、描いたグラフに対して「そんなことはあり得ない」と、クライアントから反論されることがしばしばある。

特に、相手の常識と反した結果になったとき、往々にしてこういうことが起こる。「どこの誰から聞いてきた話だ？」「どこのデータを参照したか？」と、こちらが提示したデータをはなから信じようとしない。

こうなると、いかに論理が正しいかといった方面から議論してもどうしようもない。こちらが事実だと思っているものでも、クライアントにとっては事実でないというのなら、それを受け入れるしかない。

そんなとき私は、「誰の言うことなら信じられるか」「どこの出典データなら信じられるか」を相手に確認する。そして、その相手が信じる人の話を聞きにいき、信じるデータを調べ上げて、それを使ってグラフを描き直す。参照するデータが異なれば、当然グラフも変わってくるわけだが、全体的な傾向が変わることはまずない。今までの経験では、データベースをクライアントの言うものに変えても、まず一割もグラフの傾きが変わることはなかった。だとすれば「何をすべきか」という作戦も、つまりは変わらないのだ。

「先日提示したグラフを、あなたが信用できるとおっしゃったデータで描き直しました。個々の値が違うので、グラフは完全には重なりませんが、傾向線は同じですよね？　傾向線が変わらないということは、打つべき手はこの間申し上げたとおりではないでしょうか」

これで、相手は何も言えなくなる。もし、ある事実についてどうしても信用しないというのなら、

「あなたが信用するとおっしゃったＡさんにお話をうかがいにいったのですが、こうおっしゃっていました。これは、先日お伝えしたことと同じだと思います。これでも信用できないとおっしゃるのでしたら、申し訳ないのですが、あなたからＡさんに連絡するなりお会いするなりしてください」

新聞記者と同様、我々コンサルタントも、通常はインタビューのソースを明かさない。だが、こういう場合だけは特別だ。プロジェクトの根幹に関わってくる。

特に経営者となると、何十年もの経験を笠に着て反論してきているわけで、こちらもそれ相応の「事実」と「論理」を示さなければ説得できない。

✝コンサルタントは「あるべき論」を語るな

これと対極的なやり方として、「哲学」で相手を説得しようとする人がいる。「こうあるべきなのです」「こうでなくてはならないのです」といったセリフである。だが、これはコンサルタントが最も避けるべきやり方だ。

若いコンサルタントが哲学など語り出そうものなら、相手にされないどころか、聞いているほうが不愉快になるだけだ。どうしても哲学を語りたければ、この世界で三〇年のキャリアを積んでからにすべきだ。そうでなければ誰も聞く耳を持たない。

コンサルタントが拠り所とすべきは、あくまで事実だけだ。事実にもとづいて論理によって物事を設計するのがコンサルタントの本分だ。新鮮な事実を発掘して、それを論理に落としていくのが、コンサルタントに最も求められていることだ。

コンサルタントは、事実のみを語る。その事実の中に目新しさや斬新さがあれば、一流の経営者なら間違いなく耳を傾ける。

一方で、相手がすぐには納得できないような事実を提示する際は、相手が納得できる情報を丹念に拾い上げる努力も必要だ。手を替え品を替え、データの出典を変えたりインタビュー対象を変えたり、さまざまな方法で、経営者が事実を受け止められるようにする工夫も必要となる。

✝カリスマ経営者の「金銭感覚」

もし、揺るぎない事実をあの手この手を駆使して示しても、相手が頑なに納得しないとすると、その人は予断なく物事を判断する力を失っている。何かに囚われてしまっているに違いない。

こうなったら仕方がない。だが、自信を持って「相手が何かに囚われてしまっている」と言い切れるくらいまで、こちらは事実を積み上げる。それがコンサルティングの仕事というものだ。

私がそのことでいつも思い出すのが、ダイエー創業者の中内切氏のことである。ダイエーの中内氏との案件は、私のコンサルタント人生の中で、苦い思い出として残ってしまっている。

中内氏は、異常なまでに土地を信奉していた。新規出店の際、必要な敷地面積の倍の広さの土地を買っては、半分に店を作り、半分に担保を設定して次に出店する用地を購入していた。そういう不思議なやり方が常態化していた。

このやり方は、二つの意味で危険だ。一つは、金利の問題。当時すでに、ダイエーの負債は二兆円になっていた。金利が一％上がるだけで二〇〇億円の追加利払いが発生する。仮に金利が五％上がったら一〇〇〇億円だ。金利は、一民間企業がコントロールできる代物ではない。日銀ですらコントロールするのは難しい。そういうことを考えると、ただでさえ二兆円を越えている負債をさらに上積みすることはあまりにも危険だ。

二つ目は、土地の値段の問題だ。土地の値段が下がったとたん、担保が価値を失い、このモデルは即座に破綻する。そのことを、私は中内氏に何度も問い質した。

「土地の値段が下がったらどうするんですか?」

中内氏の答えは驚くべきものだった。

「堀さん、あなたは世の中を知らない。土地が値下がりすることは絶対にあり得ない。あなたは東大やハーバードでいったい何を学んできたんだ」

この言葉を聞いて、この人にコンサルティングをするのは無理だと悟った。もし中内氏にコンサルティングをしようとしたら、彼の言うことにいちいち「そのとおりでございます」と卑屈になるしかなかった。私にそれはできないし、やりたくもなかった。私は、昔とは変わってしまった中内氏と訣別した。

後日談がある。中内氏と別れて何年か経ったとき、伊丹空港で羽田行きの便を待っていたら、中内氏とばったり出くわした。機内で久しぶりにじっくり話したいと言われ、そのまま飛行機に乗ったのだが、私の座っていたスーパーシートに中内氏がいない。気になって探してみると、エコノミーに座っていた。

私が席を訪ねると、彼は私に問うてきた。

「君はスーパーシートに座っているようだが、スーパーシートは羽田にエコノミーより一〇分でも二〇分でも早く着くのか？」

「そんなことはありません」

「だったらその分の金額はもったいないないやないいか」

「そういう考え方もあるでしょうが、私はちょっと価値観が違います。同じ五〇分の時間を過ごすのに、少し席がゆったりしていれば、寝るにも考えごとをするにも本を読むにも気持ちが落ち着きます。その分の金額の値打ちはあると思います」

「わしはそうは思わない」

だが、そんな中内氏は、羽田空港に大型のベンツを迎えに来させていた。しかもＪＡＬに頼んで空港敷地内の特別に降りられる場所にまで車を回させていた。飛行機はエコノミーなのに、車はそこまでやる。中内氏の価値観は倒錯している、百歩譲っても私とは大きく違うということをつくづく感じた。

一方で、ＪＡＬの価値観も倒錯していた。中内氏は確かに「偉い人」かもしれないが、一エコノミーの客である。にもかかわらず特別タラップで空港内の特別な駐車場に案内しているような会社だからこそ、経営破綻したのだと私は思っている。

中内氏とは、当初は仲良くやっていた。彼がある時代を代表する名経営者であったことも事実だ。だが晩年の中内氏は、いくら論理を積み上げてもそれを理解してくれない、頑固な経営者になってしまっていた。こうなってしまうと、コンサルタントができることはない。友人を一人失ったような、寂しい思いをしたのを昨日のことのように思い出す。

プレゼン能力は、コンサルタントの必須スキルだ

†コンサルティングの仕事は、プレゼンに集約される

コンサルタントにとってプレゼンテーション能力は必須のものと思われていると思う。そして、それは確かにそのとおりだ。コンサルティングの仕事は、昔ならＯＨＰ(OverHead Projector)、今ならパワーポイントでスライドを作り、それを補助材料として使って話をすることが最終のアウトプットになることが多い。プレゼン能力は必須のものである。

だが、本当に問われるべきは、何をプレゼンするのかというコンテンツの部分である。

第一には、どれだけ事前に入念なインタビューと分析ができているかという足腰の部分がある。次に、その分析結果をどこまで論理に落とし込めているかという論理構成の段階があって、作り上げた論理をどれだけ人にわかりやすく伝えるかというストーリー化の部分が三つ目にある。そして最後に、スライドを使ってクライアントに対して話す技術が問

われてくる。

要は、コンサルティングのすべてを締めくくるのがプレゼンテーションなのだ。プレゼンテーションの技術だけを磨いても仕方がないが、一方では、戦略構築がどれだけ素晴らしくても、プレゼンテーションの仕方を間違えると、伝わるものも伝わらない。そういう意味で、プレゼンテーションの技術や入念な準備も極めて重要だ。

✝スライド作成の「プロのワザ」

ここで、私が常に部下に教えている「堀流」のプレゼンテーション術をお伝えしよう。プレゼンテーションには押さえておくべき大きなポイントがある。

一つ目は文字数だ。素人がスライドを作ると、どうしても文字数が多くなる。受け手に訴求力を持って届くのは、スライド一枚あたり五行まで、一行あたり一五文字までだ。これ以上になるとまず見てもらえないし、物理的には見えていても頭には決して残らない。

伝えたいことを一枚五行、一行一五文字に凝縮していくことをクリスタライゼーション（結晶化）と呼ぶ。物事をだらだらと進めるのは誰でも簡単にできるが、言うべきことを簡潔に結晶化するには高度な技術と思考力が要求される。

そして、全体の構成も重要だ。私たちの世界では、だいたい一コマ五〇分から六〇分でスライドのパッケージを作り、それを三コマで一日のプレゼンテーションを組むことが多い。その一コマ一コマの流れをどう構成するかが肝となる。

一コマは、四つのパーツで構成する。つまり一コマ一三分ほどになる。

なぜ四つかと言えば、今の人は知らず知らずのうちにテレビの時間配分に慣れてしまっているからだ。テレビは一三分くらいでCMが入る構成になっており、多くの人は一三分くらいしか緊張感が持続しないのだ。それを無視してこちらが長々と話し続けても相手には伝わらないわけで、聴き手の緊張感が持続する一三分に合わせて、話の山場とダレ場を持ってくる必要がある。

具体的には、スタートして一一分くらい経ったところで山場を作り、一三分過ぎのところでダレ場を作る。そして、四つの山と三つのダレを作って一本にまとめていく。

このルールに則って、パワーポイントのパッケージを作り上げる。ここまでが事前の準備段階だ。

†周りの反応を見ながら話を進められれば一流

次のポイントは、顧客の前でどうやって話すかだ。

まずはスピード。聴き手が無理なく頭に入るのは、スライド一枚二分といったところだ。五〇分で二五枚、六〇分なら三〇枚だ。スライドの枚数がこれ以上多くなると、常にカサカサと動いているようで落ち着かない印象を与えてしまう。反対にこれ以上少なくなると、ペースが遅くなって間延びしてしまう。

与えられた時間に応じてスライドの枚数を事前に調整しておくとともに、ペースどおりに話す訓練が必要だ。慣れていない人は、どうしても話すスピードが一枚二分のペースよりも速くなったり遅くなったりしてしまうからだ。

抑揚、アクセントも重要。一本調子になると、聴く方は退屈して話していることが頭に入らなくなる。

こうした話す技術は、場数をどれだけ踏んだかがものを言う。慣れたプレゼンターは、聴き手の反応を見て「これはわかってもらえている」「ここはわかってもらえていない」ということをきちんと押さえている。そして、相手の理解度に合わせて話す内容やペースをコントロールする。

慣れていない人は、まず聴き手を見る余裕がないし、余裕があったところで、聴き手の反応を正しく受け止められない。さらに、反応を正しく受け止められたと思っても、自分の話す内容やペースを、その場で咄嗟に変えることは容易ではない。

場数を踏んだ一流のプレゼンターが相手の反応のどこを見ているかというと、目の動きと肩の位置だ。「それはどうでもいい」「大事な話じゃない」「つまらない」と思うと、人は自然と反り返る姿勢を取る。つまり、肩がプレゼンターから離れていく。

反対に、聴き手が「面白い」「これは重要だ」と思って乗ってくると、話している人に一センチでも近づこうとして、肩が自然と前に出る。このように、肩の線の動きで相手の興味の度合いを計り、目の光り方でそれを確認する。

つまり、一流のプレゼンターは、言葉がなくても聴き手とコミュニケーションできてしまうのだ。聴き手の無言のメッセージを、これぐらい瞬時に深く読み取る力がないと、本当の意味で相手にメッセージを伝えることはできない。

こうしたプレゼンテーションの技術は、やはり実践でなければ身につかない。そして、自分を客観視しないことには、どこがよくてどこが悪かったかがわかりにくいものだ。本人だけでなく、上司など周りの人間が積極的にアドバイスすべきだろう。私は部下がプレゼンテーションをした際は、帰りのタクシーの中でその振り返りを行うようにしている。

私は、「プレゼン能力を高めたかったら、落語や講談を聞きにいけ」というアドバイスをすることがよくある。こうした話芸は、一見ただしゃべっているだけに見える。事実、コンテンツは取るに足らない。しかし、非常に高度な話す技術にもとづいて組み立てられているからだ。

私は落語や漫才にあまり興味はないが、間の取り方を学ぶため、ＣＤやＤＶＤを何枚も持っている。

反発を恐れていたら、コンサルタントは務まらない

†社内の拒絶反応など覚悟の上

コンサルタントの仕事は、クライアントの企業をドラスティックに変えるような戦略を立案することだ。当然、社内には反対派が現れる。いや、むしろ最初は反対する人のほうが多いと言えるだろう。

改革に反対する人は、大きく二つに分かれる。一つは、既得権益を持っている人であり、自分の権益が脅かされることを恐れて反発する。もう一つは、頑迷固陋《がんめいころう》な人だ。変化そのものを毛嫌いして反発する。

実際にはそういう人が、組織の中で大部分を占める。感覚的には、一〇〇人のうち九〇人くらいは拒絶反応を示すものだ。

コンサルティングの導入を決めるのは通常トップだ。だが、トップ一人の判断で導入まで漕ぎ着けることは稀である。コンサルティングが実際に導入されるためには、会社の現

状に強烈な危機感を持ち、お金をかけてでも変化が必要だと考えている人が、経営者の他に最低でももう一人は必要だ。

こうして改革や革命を推し進めるコンサルタントを憎む人もいる。だが、そんなことを恐れていてはこの仕事は務まらない。コンサルタントの本分は、その会社を良くするための戦略を立案すること。その過程で我々を憎む人間がいるのであれば、憎むに任せておくしかない。それで身の危険を感じたときは警察の力を借りればいいだけだ。実際、誹謗中傷や言葉の暴力を浴びたことは何度もある。

もちろん、好んで憎まれ役になる必要はないが、憎まれることに怯《ひる》んでいては何も変えられない。企業はコンサルタントに期待を持ってくれていて、少なくない金額を払ってくれている。それに応えられないとしたらコンサルタント失格だ。

ただ面白いのは、現場は総じてコンサルティング導入に反対しているように見えても、一〇〇人のうちの一〇人くらいは、実は賛成してくれている人がいるものだ。トップの経営者すらその存在に気づいていないが、現場インタビューをしていると、そういう人に何度も遭遇することになる。

「実はね、堀さん、私はこれまで誰にも言ってないんですが、うちの会社はコンサルタントを入れて本当に良かったと思っています。これで変わらない会社ならどうしようもないから、そのときは会社を辞めます」

こう打ち明けてくれた人は、多くの情報をもたらしてくれる貴重な存在となる。組織を変えるためには、こうした同志をいかに見つけるかも重要となる。

✝現場を見つつ、全体も見る

なぜ、現場が反発するのかと言えば、往々にして現場の人というものは、全体観を欠いていることがあるからだ。もちろん、現場には現場の正しさがある。だがそれが、局所的な正しさに留まってしまっているのだ。

たとえて言うなら、現場は専門医だ。心臓なら心臓、肝臓なら肝臓のエキスパートであり、その腕も確かなものかもしれない。

だが、人間はさまざまな臓器が相互に連携しながら成り立っている。心臓の大手術をして、心臓は劇的に良くなっても、他の臓器に大きな負担がかかるとしたら、人間を健康にするという医学の本来の目的と照らすと、その治療は最適な医療とは言えない。つまり専門医だけでは、五臓六腑、人間全体のバランスを診るのが難しいのだ。

私の知る限り、医療の世界では、人間をトータルに診る総合診療に向かう動きが起きている。同じことが企業活動にも言えるのだ。

企業は、さまざまな部門が相互に連携しあうことで営まれている。ほとんどの部門がうまくいっていても、どれか一つでもうまく機能していない部門があると、企業全体のパフォーマンスが向上しない。逆に、ある部門がこれ以上ないベストなパフォーマンスを示していたとしても、他の部署が全体に調子が悪いと、その部門の良さも活かしきれず、業績は低調にならざるを得ない。いわば、企業全体のパフォーマンスは、各部門のパフォーマンスの足し算ではなく、掛け算で決まるのだ。

コンサルティングというのは、企業全体のパフォーマンスを向上させる仕事だ。つまり、掛け算の最終的な積を大きくすることを目指している。医者で言うなら総合診療医だ。個々の臓器を診ることもあるが、それはあくまで全体との関係においてのものでしかない。

現場の人と話をしていると、こうした立場の違いから、話が噛み合わないことがある。こちらは会社全体を視野に入れて話をしているのに、現場は、部門の最適化を図ろうとしているから、それは仕方がない。

とはいえ、現場の人も愚かではない。単に、全体を見る意識が欠けているだけだ。そのことに意識を向けさせれば、こちらの話していることを理解してくれる。前に紹介したグラフなども、こういう際に大いに役立つ。

現場観と全体観という意味で一番たちが悪いのは、本社の常務から部課長クラスのエリートミドルだ。彼らには、多くの場合、現場観もなければ全体観もない。だから相当に始末が悪い。日本の企業からこういった管理職がいなくなれば、多くの企業の業績は、相当上向くに違いないと私は信じているし、そう考えている社長も実は多い。

✝社長の激怒から始まったコンサルティング

反発を受けるのは現場の人からだけではない。コンサルティングを依頼してきた当人との間でも、大喧嘩となることがある。

コネクタ専業メーカー、ヒロセ電機の故・酒井秀樹元社長との思い出深いやり取りがある。当時、ヒロセ電機は産業用のコネクタが中心で、売上高経常利益率三〇%という高収益を誇りにしていた。そのままでも優良企業ではあったのだが、新たな方向性を探るべく、何回目かのコンサルティングを依頼してきたのだ。

各種調査や分析の結果、私はある提案をした。それは、「パソコンや携帯電話のコネクタにも参入すべき」ということ。つまり、産業用から民生用への転換だった。

このことを提案した瞬間、酒井氏は激怒した。

「売上高経常利益率三〇％という数字は、産業用をやっているから取れるものだ。携帯電話みたいに個人向けの民生用に手を出したら、買い叩かれて利益率を確保できなくなる。堀さんは、俺の数字へのプライドに泥を塗ってまで民生用をやれと言っているのか」

それから三カ月間、酒井氏は私に会ってくれなかった。だがこちらにも、自分たちの分析は間違っていないという自負があった。

だが、三カ月後、酒井氏は携帯電話のコネクタへの参入を決断する。そのとき、私は酒井氏にこう言った。

「酒井さん、理屈が違うんです。携帯電話メーカーやパソコンメーカーになったつもりで考えてみてください。おたくのコネクタが全部品の中に占める割合なんて一％あるかないかです。メーカーはたくさんの部品を買わなくちゃならない中で、一％占めるかどうかの部品を買い叩くようなことはしません。全体の一〇％、二〇％あるものの価格を叩いていくんです。だから、安心してやってください」

私は続けた。

「もう一つ。携帯電話屋もパソコン屋も山ほどいます。でも、優秀なコネクタを作るプレーヤーは少ししかいません。買い手が山ほどいてサプライヤーが少数だったら、サプライヤーが絶対勝ちます。この勝負、私たちの勝ちです」

結果、ヒロセ電機のさらなる快進撃が始まったのだ。

✝常識と違うところに、真理がある

私は、どこの会社にいっても、経営者の成功哲学に反することを言って、ずいぶんと喧嘩をしてきた。だが、常識と違うところにこそ真理がある。常識に合うことは、どの経営者もすでに考えて実践している。それでもうまくいかないから、経営者はコンサルタントを雇うのだ。

とはいえ、すべての常識をひっくり返せばいいというわけでもない。要は、コンサルタントの仕事は、常識どおりで良いところと、疑ってかからなければならないところを見極めることにある。

だが、ヒロセ電機をはじめどの企業でも、トップが哲学の変更を受け入れたからこそ、快進撃も生まれたし、長い付き合いにもつながっていった。哲学の変更とは、多少大げさに言えば、仏教からキリスト教への改宗をするようなものだ。こちらの提案を深く受け止め、とことんまで考え抜いた上での決断だったはずだが、それを可能にしたのは、互いが互いを尊敬しあう関係だった。

そこまでの関係を築けたのは、信頼を一つ一つ積み重ねた結果だ。長年私を使ってくれたクライアントの経営者の方々は、まさしく心の友だが、そこに至るにも、すべては最初の信頼をつかむところから始まっている。

第4章

コンサルタントは「プロフェッショナル」である

――その仕事の流儀と覚悟

即戦力など存在しない

✝厳しい世界で生き残るための五つの条件

コンサルタントが日本でも人気業種となり、多くの優秀な学生、社会人がコンサルティング・ファームの門を叩いてくれる昨今。さぞや即戦力となるような人材が豊富にいると思われるかもしれないが、残念ながらそんなことはない。

どんなに優秀な人間でも、コンサルティングの世界に入っていきなり通用する人間はいない。私は三〇年間この世界にいるが、即戦力で経営コンサルタントとして通用する人には、幸か不幸か一人も出会うことはなかった。ある日系総合研究所の戦略コンサルティング部長を採用したこともあるが、この人も二年目のコンサルタントより上の技倆《ぎりょう》は何一つ持っていなかった。

そして、いくら学歴が高い人間でも、前の企業で活躍していた人間でも、修行を積めばコンサルタントとして大成できるとも限らない。ハーバードのＭＢＡ取得者でも、コンサルタントとしてはとてもやっていけなかった、という人も多い。多くの人材が、志半ばでコンサルティング業界を去っていった。

コンサルティング業界には「三年」「七年」の節目がある。コンサルティングの世界では——名称はコンサルティング・ファームによりまちまちだが——三年でマネージャーになって現場を取り仕切る役目を担い、七年でプリンシパル（バイス・プレジデント、マネジングディレクター、もしくは執行役員）になって、顧客に対してプロジェクトの全責任を負い、顧客と丁々発止と渡り合いながら、戦略の最終設計を行うようになる、というキャリアプランを踏むことが一般的だ。当然、その年数に達したときにそのレベルにいないと判断されれば、ふるいにかけられてしまうわけだ。

もっとも、会社から言われずとも、多くの人は自分の実力を冷静に捉え、自ら会社を去っていく。これをこの世界ではアップ・オア・アウト（up or out）という。

感覚的には、三年で半分、七年で七人のうち六人がこの世界から去っていく。それほど厳しい世界である。だからこそドリームインキュベータには「三年表彰」「七年表彰」という制度があり、特別休暇およびそれを家族で楽しむための金一封が出るのだ。

三年目のふるいは、野球の世界で言うならば、二軍から一軍に上がれるかどうか、七年目のふるいは、一軍でレギュラーに定着するかどうか、とイメージするとわかりやすい。プロ野球選手と同様、コンサルタントの世界もあくまでプロフェッショナルの世界なのだ。

だからコンサルティング会社に三年在籍し、次に華麗なる転職を遂げたというと格好良く聞こえるが、私たちの世界では「通用しなかった人なんだな」と受け止められる。もっとも、念のために申し上げておくと、コンサルタントとしては通用しなかったとしても、社会人としては一流である可能性は高い。実際、他の業界にいくと大成功することも多いのだから、やはり特殊な世界と言えるのだろう。

即戦力がいない以上、採用の決め手となるのは、その人の「のびしろ」ということになる。だが、コンサルティング業界に集うのは皆、平均以上の人材ばかりである。なのに、そこで生き残れる人とそうでない人が現れる。その差は何かを私なりに考えてみた結果、長年の経験上、「これがあればかなりの確率でものになる」というものが五つあることに気づいた。

一つ目が地頭《じあたま》の良さ、二つ目が素直さ、三つ目に努力家かどうかということ、四つ目に打たれ強さ、五番目が運だ。もちろん、見ただけではわからないものもあるが、これを備えていれば、かなりの確率で優秀なコンサルタントに成長していく。

†「地頭」こそが、コンサルタントにとって最大の必須能力

最初の「地頭の良さ」というのは、コンサルタントに決定的に必要な資質だ。コンサルタントの能力は、論理力に大きく左右される。物事をどれだけ論理的に捉えることができるか、戦略をどれだけ論理的に展開することができるかが、コンサルタントとして優秀かどうかを決める。論理力がなければ、他にどんな才能があっても戦略コンサルタントとして生きていくことはできない。

地頭の良さは、論理力のベースとなる考える力だ。鍛えてどうこうなるものではなく、持って生まれた能力と言えるだろう。それがなければ、コンサルタントとして鍛えようがない。

野球で言うならストレートの速さに相当する。球の速さは、投げ方を変えたり鍛えたりすることで速くなることもないわけではないが、基本的には持って生まれたものだ。速いストレートを持つ選手とそうでない選手を同じように鍛えたら、どちらが優れたピッチャーになるかは推して知るべしだ。

この地頭の良さは、一流大学を出たかどうかとは関係がない。大学の入学試験は、先にも述べたとおり、所詮は暗記力と計算力だ。労力をかけて勉強すれば、誰でも一定の能力は身につけることができる。だから、東大に入学することはさほど難しいことではなく、高学歴イコール地頭が良いとは決して言うことができない。

むしろ地頭とは、どれだけ考える力を備えているか、ということだ。

ベースとしての地頭の良さがあって、いい手本を得て訓練すれば、論理力は飛躍的に向上する。訓練・学習の本質は、真似ることにある。ベテラン・コンサルタントの論理の使い方を見て、自分のものにする。教科書を読んでいるだけでは、論理力は習得できない。野球でいい変化球を投げられるようになりたいと思ったら、いい変化球を投げられる人に教わるのが一番早くて確実だ。論理を磨くのにも同じことが言える。

✝日本で一年間に使われるトイレットペーパーの長さは?

ちなみに、地頭の良さを見るなら、知識ではなく考えるための問いに答えさせるのがいい。私がよく使ったのは、ドリームインキュベータの監査役で早稲田大学教授の相葉宏二氏が考え出した「日本で一年間に使われるトイレットペーパーの長さは何メートルか?」

という問いだ。

　このとき見ているのは、正確な答えを出すことではなくて、どういうプロセスで答えを導き出すかだ。この問いを、「一〇分後に戻ってくるから考えといて」という感じでやってもらっていたが、この問い一つで、その人の発想力や論を立てる力がすぐに見て取れる。

「自分は毎回これぐらいの長さを使っている、そして一日何回トイレにいくから……」というようなところから考えを進める人もいれば、「日本国内には何箇所くらいのトイレがあると考えられる。そこで……」というような発想で考え始める人もいる。切り口はユニークなほうが面白いが、別になんでもいい。問題は、その思考プロセスがちゃんと論理的に組み立てられているかだ。

　日本のトイレットペーパーの使用量など、それを専門にしている会社の人でもない限り知るわけがない。また知っていたところで、製紙業界の人でもなければほとんど無価値である。つまり、知っているか知らないかではなく、知らないことを尋ねられたとき、その答えを導くためにどう論理的なアプローチができるかを問うわけだ。

†コンサルタントは「子ども」であれ!?

二つ目の素直さは、多少意外に思われるかもしれない。

特に若いときに当てはまることだが、ベテランの意見を聞くことができるかどうかが、成長できるかどうかの分かれ目となる。これは、柔軟性と言い換えることもできる。地頭が良くても、頭が硬くて人の意見を聞けないようでは成長はない。新人ピッチャーはベテランキャッチャーのサインに頷ける素直さが必要だ。経験もないのに自分の考えに固執していては、自分の枠を飛び越えることはできない。

私自身、自分ではたいした才能もないのに、本当によくここまでこれたなと思うことがあるが、その最大の要因は素直さだと自己分析している。これはテレビ等で私のイメージを作られている人にはとても意外に思えるかもしれないが、本当の私は子どものようにというか、ある意味子ども以上に素直なところがある。

三つ目の、努力できるかどうかということも重要な要素だ。コンサルティングの仕事は、さまざまな理論や技術を駆使して、戦略を作り出していく創造的な仕事だ。ベースになる理論や技術を身につけるための努力も必要なら、強い好奇心と探究心で、新しいものを発見、発明しようとする努力も必要だ。地道な努力を続けてこそ、コンサルタントとして大成できる道が開けてくる。

もっとも、この努力ができるかどうかも持って生まれた才能のうちだというのが、長年私とペアを組んで仕事をしてくれた井上猛元副社長の有名なセリフである。

四番目の打たれ強さも、この世界で戦っていくには欠かせない。コンサルティングをやっていると、思ったようにいかないことは山ほどある。苦労してグラフを描き上げたけれど、思ったような結果にならなかった、インタビューをしたけれども思ったような情報を得られなかった、自分がいいと思ったことが実はそうではなかった、ということはいくらでもある。そもそも新人は、チーム内での議論にすら勝てないどころか、まともに参加することすらできない。それほど能力差が大きい。それにショックを受けて入社二週間から三カ月で辞めていった人をたくさん見てきた。

そういうときにいちいちめげていては、コンサルタントという仕事は務まらない。そこからいかに立ち直れるかが重要だ。

私にもこんな思い出がある。昔、南海ホークスに杉浦忠という大投手がいた。ある試合で阪急ブレーブス相手に先発し、いきなり一回表にノーアウトから三人連続してホームランを打たれた。だが、終わってみれば南海が四対三で勝利した。そして勝ち投手は完投勝利の杉浦だった。

実はこの試合を私はその場で見ており、これは私が大阪で見た唯一のプロ野球の試合だったのだが、この試合の杉浦の姿に強く感動した。あの打たれ強さ、切り替えの見事さはただごとではない。まだ少年だった私は何になるかなど決めてはいなかったけれど、杉浦さんのようなプロになりたいと堅く誓った。

今でも私は彼をプロ中のプロとして尊敬している。このような打たれ強さがなければ、一シーズンで三八勝四敗などという成績を残せるはずがない。

このように天才、一流と呼ばれた人間でも、失敗や挫折を経験したことのない人間など存在しない。いや、むしろ失敗や挫折を経験しないと、真の天才、一流として大成しないと言ってもいいだろう。

もう一つ例を挙げよう。天才ピッチャーと言われた江川卓が法政大学時代、東京六大学でも最弱である東大に七対〇で負けたことがあるのをご存じだろうか。これもすごい偶然なのだが、私はこの試合も神宮球場で観戦していた。この日の江川はとことん打ち込まれ、あげく満塁ホームランまで浴びた。だが、江川がそれで自信を失っていたとしたら、後のプロ野球選手・江川は誕生しなかっただろうし、その経験をバネにできたからこそ、江川はプロで活躍できたと言えるだろう。

コンサルティングの世界に入ってくるのは、頭の良さにかけては自信のある人間ばかりだ。だが、多くの人がこの世界に入って初めて、自分より頭のいい人間を目にすることになる。そういう面でも、いちいち怖じ気づいていてはやっていけない。

最後の五つ目が、最も意外に思われることかもしれない。コンサルタントとして大成していくためには「運」の力も必要なのだ。

スポーツに限らずビジネスの世界にも、少なからずギャンブルの要素はある。大一番の競ったゲーム展開の中で、一つのイレギュラーが勝敗を左右することもあるし、そのプレーが、選手として一流になれるかなれないかを分けてしまうこともある。運命のいたずらと言葉にしてしまえばそれまでだが、一流になるためには、そういう運も必要だ。

†MBAは、コンサルタントにとって必須か？

さて、この五つを改めて見直していただければおわかりかと思うが、どれも知識ではなく、人間性や性格の問題ばかりだ。そう、コンサルタントとして大成できるかどうかは、知識よりもむしろ人間性や性格の問題であるのだ。

だからといって、知識が必要ないわけではない。コンサルタントにとってMBAで学ぶような知識は必須である。経営学の用語や考え方の基本は押さえておかねばならないし、損益計算書（P／L）や貸借対照表（B／S）の見方、マーケティングの知識も必要だ。

だが、MBAを持っているかどうかはコンサルタントの必須条件ではないし、MBAを取らずに学卒でコンサルティング・ファームに入る人もいる。そういう人は、MBAの基礎の部分から学ばなければならないので大変と言えば大変だが、必要に迫られて学ぶというのは、学びの環境として最高で、ビジネス・スクールにいくよりもよほど早く、多くのことを深く吸収できるものだ。

実際、戦略コンサルティング会社に二年もいればMBAよりはるかに経営学を学べる。それはやはり、仕事の密度も緊迫感も違うからだろう。私はハーバード・ビジネス・スクールの卒業生であり、母校に大変感謝の念を持ってはいるが、「同じ二年をどっちで過ごすべきか」と聞かれたら、迷うことなく戦略コンサルティング会社を推薦する。

コンサルタントの「育て方」

†「練習試合」では能力は高まらない

今ではコンサルティング・ファームには、日本でも最も優秀な人材が集まってくる。それでも「即戦力」などという人材はまったく存在しないことは前述したとおりだ。

では、コンサルタントはどのように育っていくのか、といえば、これはもう実践で鍛える他ない。真剣勝負の場で実践の経験を積んでこそ、初めて能力を身につけることができる。理屈だけ学んで使えるような代物ではないし、稽古でも身につけることは難しい。

私は以前BCGで、クライアント案件が不足気味で人員に余剰感があるとき、Xプロジェクトという一種の模擬演習プロジェクトを立ち上げることがあった。

実際の顧客がいる通常の案件は、Cナンバーと呼ばれる。Cの次に四桁の顧客コードが続き、その次に何番目のケースかを判別するための通番をダッシュの後に振っていた。C2345-6といった具合だ。CナンバーのCはケース（Case）のCだ。

一方、練習試合の自社プロジェクトはXナンバーと呼んで、顧客案件と区別していたわけだ。人を遊ばせておくぐらいなら、練習試合で人を育てようという目論見だった。

だが、このXナンバーの制度はずいぶんと長い間、さまざまな工夫をしながら続けたが、思ったようには人は育たなかった。見え見えの練習試合をいくら積み重ねても、現場で通用する力は身につかないということだ。

もちろん、練習試合を少しでも本番に近づけるべく、考えられるあらゆる手を尽くしたが、大して効果はなかった。そんなことをするくらいなら、次の案件を受注するための提案準備の手伝いをさせたほうが、よっぽど現実感があって、若い人の訓練になる。

それほど、コンサルティングの理論は実践をとおしてしか操れるようにならないものなのだ。

†いきなり現場に放り込んでしまう

では、実際の新人教育はどうしているのかと言うと、経験のない新人だろうとなんだろうと、いきなり正式なプロジェクトに入れてしまうのだ。もちろん入社直後の新人研修はあるが、各社大したものではない。リアルな現場を最初から体験させ、育てていくのだ。

だがこれは、そのチームのリーダー、新人双方ともに大変なことだ。

そもそもプロジェクトというものは、そのプロジェクトに関わる人数によって価格が決まってくる。この場合、新人も当然頭数に入るわけだから、その分価格が上がり、求められる成果も高くなる。つまりリーダーとしては、ほとんど使い物にならない人間の分まで余分に成果を上げねばならないのである。しかも、配属された以上、教育もしなければならない。手間は増えて求められる成果も上がるのだから、たまったものではない。

一方、新人も大変だ。頭数に数えられている以上、なんとしても成果を出さねばならないし、新人だからといって顧客に迷惑をかけることは許されない。いきなりそういうプレッシャーのもとで仕事をしなければならない。それに耐えられる精神的なタフネスが必要だ。

だが、だからこそリーダーも新人も、成長することができるのだ。これだけシビアな環境で鍛えられてこそ、コンサルタントとしても、リーダーとしても一皮むけるのである。

逆に言えば、出向や研修では雰囲気を味わうことはできても、実力はつかないということである。

コンサルタントは、プロフェッショナルであれ！

†プロフェッショナルの心得とは？

コンサルティングはプロフェッショナルの世界だ。プロフェッショナルの世界とは、一人一人が独立している世界のこと。コンサルタントとして大成したいのなら、この「プロフェッショナル意識」は必須である。

だが、欧米ではこういうプロフェッショナル観に慣れがあるが、日本では、プロフェッショナルという言葉こそ浸透しているものの、真のプロフェッショナルの姿は理解されていない。日本で「プロ」と呼ばれる世界も、ほとんどがアマチュアの集団だ。「プロ」とは名ばかりで、小さな集団の身内、メンバーの一員で、集団に守られ、もたれ合って生きている。たとえば碁や将棋のプロは、プロとはいえ日本棋院などの囲われた世界で生きている。

学生の認識もまた然りである。ドリームインキュベータでは、学卒の採用枠が従来は三

〜五名、今年から五〜八名となるが、それに対して、日本の一流と言われる大学の学生から、毎年一〇〇〇通を超える応募が来る。だが残念なことに、応募してくる学生のほとんどが、プロフェッショナルの厳しさを理解していない。知的でかっこよくて華やかでサラリーもいいと、コンサルタントがサラリーマンの延長にあると思っている人が多い。それは大きな間違いだ。

転職組でも、日本の一流企業から入社して二週間で尻尾を巻いて辞めていく人もいる。プロフェッショナルとはそういう厳しい世界だ。

かように、プロフェッショナルへの認識がまだまだ甘い日本において、若手のコンサルタントに私は事あるごとに二つのことを言っている。

一つが、「プロフェッショナルたるもの自分で技を盗め」ということである。「仕事のやり方を教えてくれない」などと平然と先輩や上司に言うようであれば、プロフェッショナルの世界では生きていけない。プロフェッショナルの世界では、教えてもらうという受身の姿勢でいることが、基本的に間違っている。自分でいかに技を盗むか。その心構えが必要だ。

ただ、そうは言っても、入社したてのプロの卵でしかない新人に一人前の働きはできない。至らない点、未熟な点が山ほどある。コンサルティング・ファームとしても、若手を早く一人前に育て上げたほうがいいわけで、実際にはさまざまなことを教え込むのだが、重要なのは、教え方、教えるタイミングだ。

前にも少し触れたが、私は社員のプレゼンに同行した際は、帰りのタクシーの中ですぐに「スライドの出すタイミングが違う」「話すスピードが違う」「立つ場所が違う」などと、そのプレゼンについて評価し、アドバイスをすることにしている。「鉄は熱いうちに打て」というように、鉄が熱くなっているときを見計らって教え込むのがポイントだ。

具体的には、若手に実際に仕事をやらせてみて、本人なりの感触や反省がはっきりと残っているうちに、改善すべきことを叩き込む。実践の経験がないうちから、理屈だけ先に教え込んでも、そもそも受け入れる態勢ができていないし、実感が伴っていないため大して身につかない。

✝できる経営者ほど、ノートを取る？

もう一つが、「ノートを取れ」ということだ。私は小さな子どものときから、いつもノートを取っていた。今は六五歳になるが、この歳でもノートを取っている。この歳でノートをまめに取る人はなかなかいない。

このアドバイスは、ずいぶんと簡単なように思える。だが、実際には非常に奥が深く、難しいものだ。

ノートを取る技術は単純ではない。速記ではないから、相手の言うことをすべて書くわけではない。要点だけを絞り込んで書くわけだが、耳で相手の話を聞いて、目で相手の顔を見て、手を動かしてノートに書くという行為のためには、脳のいろいろな部分を瞬時に使い分ける必要がある。話の中から何が一番のポイントかをえぐり出して、その言葉を書き取るのが「ノートを取る」ということだ。ノートを取る人と取らない人では、頭の動き方が全然違う。

優れた経営者には、いくつになってもノートを取る人が多い。イトーヨーカドー創業者である伊藤雅俊氏は、七〇歳になっても、非常にまめにノートを取っていた。一緒にご飯を食べた翌日に、伊藤氏から電話がかかってくることもしょっちゅうで、

「昨日の話の要点はこうこうでしたね」

と、日を改めて復習までするほど熱心だった。

ダイエーの中内氏も、五〇歳くらいまではものすごく頻繁にメモを取っていた。だが、

六〇歳ぐらいからノートをさっぱり取らなくなった。その頃から言動に傲慢さが目立つようになり、ビジネスパーソンとしての能力が落ちてきたように思えてならない。ノートを取るということは、人の話を聴く謙虚さがあるということでもある。

ノートを取ることで、日常的に頭を使う訓練をすることができるし、人の意見に耳を傾けるという姿勢を保つことができる。プロフェッショナルには、そういう心構えが大切だ。

✝コンサルタントがテレビに出るのは、そもそもおかしい？

ところで、少々余談になるが、日本と欧米のコンサルタントのプロフェッショナル意識の違いを示す象徴的な例がある。それは、「コンサルタントが表舞台に出るかどうか」である。

欧米においては、コンサルタントは外国人傭兵部隊のようなものだ。コンサルタントは、「いい仕事をします。その代わり、報酬は高いですよ」という世界に生きている。自分の価値を認めてくれる人のために働く。よほど社会的に悪と見なされる人物でない限り、自分を雇ってくれる人に対して忠誠を誓う。

そして、雇い主を差し置いて、表舞台に出てくるようなことはしない。徹底した黒子、裏方だ。医者や弁護士が、患者や顧客企業を立てるのと同じことだ。

ところが日本では、コンサルティングはまだまだ認知度が低いし、社会に根付いているとは言い難い。そのため物珍しがってか、メディアがコンサルタントに表に出ることを求めてくる。一方のこちらとしては、コンサルティングの認知度を高めていきたい思いがある。こうして彼我のニーズが合致して、コンサルタントがメディアへ露出する機会が多くなる。

だがこれは、コンサルティングが社会に根付くまでの過渡的な現象だ。私自身、業界のPRをしたくてメディアに出ていたが、正しい認知が広まるにつれ、徐々に露出は減っていくはずだ。

プロフェッショナル集団を率いる技術

†理想は「ワン・ファーム・ファーム」

「コンサルタントにはプロフェッショナル意識が必要」というと、個人個人が別々に仕事をし、チームワークなど関係ない、という印象を持たれるかもしれないが、そうではない。むしろコンサルタントにとってチームワークは不可欠な要素である。

プロフェッショナル観が希薄な日本人であるが、このチームワークという面ではむしろ一日の長がある。

コンサルティング・ファームを率いるという視点からすると、日本の場合は、「プロフェッショナルとは何か」を自覚させるところから始めなければならない。

一方、欧米ではその部分は必要ないが、その反面、一人一人の独立意識が強く、会社への帰属意識が薄いことが、ファームを率いることの難しさになっている。

コンサルティング・ファームも一つの会社である以上、一つの集団としてのまとまりが必要だ。いくら、独立した個人のプロフェッショナルの集団と言ってもだ。

ＢＣＧワールドワイドの二代前の社長、ジョン・クラークソンが、「ワン・ファーム・ファーム」という言葉をよく使っていた。「ファーム」には、「会社」の意味の他に、「しっかりした」「堅い」という意味がある。つまり、「ワン・ファーム・ファーム」は、「一つのしっかりした、まとまりのある会社」という意味だ。そういう言葉を使う必要があるほど、欧米のプロフェッショナルは一人一人の帰属意識が薄い。その点、日本は帰属意識についてはあまり苦労する必要はない。

このようなチームの重要性という考え方は、あらゆるプロフェッショナルの世界で広がりつつあるように感じる。たとえば、研究者の世界は完全に個人単位のプロフェッショナルたちの世界に思われるかもしれないが、近年のノーベル賞の傾向などを見ると、たった一人で研究に取り組んでいるということはない。何十人かのチームで研究に臨み、そのリーダーが代表してノーベル賞をもらうという形が一般的だ。

✝プロフェッショナルたちを率いる方法は意外と単純!?

ともあれ、リーダーがプロフェッショナルたちをまとめ上げ、リーダーシップを取らねばならないのは日本でも欧米でも同じこと。では、プロフェッショナル集団を率いるにあたっては、どんな能力が求められるのだろうか？

実は、これについては比較的単純で、何はなくとも「論理力」なのである。コンサルティングの世界でリーダーになるのは、コンサルタントに最も必要な論理構成力を最も備えた人物だ。コンサルタントは理を重視する。そういう人間を率いていくのに、「俺についてこい」と、浪花節を唱えたところで誰もついてこない。「なぜあなたについていかなければいけないのか？」を納得させる理由が必要だからだ。

私はBCG、ドリームインキュベータとコンサルタント集団のトップを務めてきたため、多くの人から、

「自己主張が強い人間を率いるのは難しくないのか？」

と聞かれることもあるが、基本的にコンサルタントは、事実にもとづいて論理が成立しているのであれば、必ずリーダーについてくる。だから、ある意味非常に単純なのだ。む

しろ、しばしば論理が通用せず、浪花節の世界が求められたりする企業のリーダーシップのほうが、よほど複雑だろう。

とはいえ、コンサルタントも人間だ。同じレベルの論理構成力を持っているのであれば、人間的な温かさや人好きされる性格といった、優れた人間性を備えた人物のほうがリーダーとして機能しやすいのは事実だ。ただその場合も、人間性が優れた人がリーダーになって、それから論理力を身につけるということではなく、論理構成力に特に秀でた人が、リーダーになってから、元々潜在的に兼ね備えていた人間性を磨いて大きく開化させていくというのが一般的な流れだ。

先ほど例に挙げた科学者のチームでも同じことが言える。いくらチームで実績を上げるとはいえ、研究者としての能力が不足している人間が、研究チームのリーダーにはなり得ない。研究者としての能力・実績を持った上で、なおかつ研究メンバーから尊敬を集める人間性を持つ人が、成功するチームのリーダーとなれるのだ。

コンサルティングは体力勝負

✝BCGのコンサルタントが「カモメ」と呼ばれた理由

プロのコンサルタントに求められる次の条件、それは「体力」である。とにかくハードなプロフェッショナルの世界。この厳しい世界で働くためには体力が必要不可欠なのだ。

BCGは、今でこそ世界に七〇カ所以上の事務所を構えているが、私が入った頃は世界に数カ所しか事務所はなく、中心は創業の地ボストンだった。

その頃、毎週月曜日の朝早く、ボストンの空港から八〇人以上のコンサルタントたちがあちこちに飛び立っていく姿は名物のようなものだった。彼らは全米中のクライアント先に向かうため月曜の朝一番の飛行機で飛び、金曜の夜になって再び帰って来るのだ。

そんな彼らを称して、BCGは顧客から「シーガルコンサルティング」と呼ばれていたほどだ。「シーガル」とはカモメのことである。飛んで来たかと思えば飛んで帰り、また飛んで来る。

今では全米中に事務所ができ、中でもニューヨークが最大の事務所になっているため、ボストンの空港でかつてあった光景はなくなった。だが、年中飛行機に乗って、年中ホテルに泊まるのがコンサルタントの仕事だということは変わらない。欧米のコンサルタントたちはいつも、「おかげで、夏休みや冬休みには、マイレージだけで家族中ファーストクラスに乗っていける」などと冗談を言っているくらいだ。そういう苛酷な環境をものともしないタフさがコンサルタントには必要だ。

これはアメリカのみならず、世界中どこでも変わらない。たとえば前述の井上猛氏は、シカゴまで「ゼロ泊出張」をしたことがある。シカゴにいって、空港でクライアントと会って話をして、そのまま帰ってくるというハードな出張だった。当然、帰ってきたら休む間もなく他の仕事が待っている。

サッカーのワールドカップ予選ともなると、片道十何時間かけて試合に臨むことがある。スポーツ新聞は、それを「死のロード」と煽り立てるが、シカゴへのゼロ泊出張と比べればなんてことはない。ワールドカップの予選では、何日か前には現地入りするし、試合が終わった後は休みも取れる。おまけにほとんどの選手が体力の盛りの二〇代だ。その過酷さはコンサルタントの足元にも及ばない。

†コンサルタントがハードなのは、世界中で同じこと

もっとも、東京事務所は、その点の苦労は少ないほうではあった。日本のクライアントの半分以上は東京に拠点を構えている。さらに出張といえばだいたい関西方面か名古屋で、それ以外の地域にはほとんどクライアントがいないからだ。欧米のコンサルタントからは、そのことをずいぶん羨ましがられたものだ。

だが、その反面、別のハードさがある。クライアントが近くにいる分、夕食はどこかの企業の社長とディナーミーティングになることが多く、夜まで気が休まらないのだ。週に一度くらいならいいのだが、これがほぼ毎日になるとたまらない。ちなみに、欧米では、ランチミーティングの習慣はあるが、夕食をともにすることは少ない。

少し話が飛ぶが、日本人の感覚では、ヨーロッパ人はあまりハードに働かない印象があるようだ。長い休暇や昼休みなどの情報が、そうした印象を植え付けているのかもしれない。だが、少なくともコンサルティングの世界ではそんなことはない。

二〇年以上前、私はヨーロッパの某大手企業のコンサルティングを担当していた。クリスマスの日、仕事の都合でクリスマスも事務所に出ている営業トップから電話がかかって

きた。仕事の話を済ませた後、彼が言った。

「クリスマスの日に会社に来てまで働いているのは、世界中でも俺とお前ぐらいだろう」

ヨーロッパでは、クリスマスは日本で想像する以上に大切な休日である。どんなに忙しく働いている人でも、クリスマスぐらいは休んで家族と過ごすのが当たり前だ。日本の正月の感覚に近い。日本でもさすがに正月にバリバリ働いている人は少ないが、このマッキンゼー出身の高級幹部は普通にクリスマスまで働いていたのだ。

五大プロフェッショナルの「仕事と報酬」の関係

ハードさは肉体面だけではない。コンサルティングは精神的にも大きなプレッシャーがかかる仕事だ。心身両面のハードさを考えると、コンサルタントというのは金銭的には見合わない職業と言える。

欧米で五大プロフェッショナルというと、医者に弁護士、公認会計士、経営コンサルタントとインベストメント・バンカーだが、この中でも経営コンサルタントは、ハードさと給与が見合わない部類に属する。

ちなみに、日本で給与が能力と努力に最も見合わないのは医者、中でも大学病院の勤務医だ。彼らは、高度な技術で難しい手術をしつつ、一日十何時間も働いている。それだけの能力があってそれだけの仕事をすれば、アメリカであれば年収一億円を下らないという人が、年収一〇〇〇万円にも届かないケースはざらにある。東大の准教授クラスでもその程度だ。日本は医者の待遇が悪すぎる。

経営コンサルタントは、金額だけ見ればそれなりの高給だが、心身ともに負荷は高い。いつバーンアウト（燃え尽きる）してしまうかもわからない。その過酷さに給与が見合っているとは言い難い。

私がＢＣＧを辞める頃には二億円を超える年収があったが、今はその頃と比べて四分の一くらいになっている。そもそもこの世界の報酬には大きなバラつきがあり、何千万円、何億円という給与を誰もがもらえるわけではない。プロ野球選手でも、年俸数億円の選手もいれば数百万円の選手もいるのと同じことだ。皆が皆、高給を約束されているわけではない。

公認会計士は、プロフェッショナルの中ではそれほど高い給与ではないが、医者やコンサルタントと比べれば、プレッシャーは少ない。弁護士も仕事はハードだが、腕の立つ人であれば億単位の年収を稼ぐことはできる。この二つはそれ相応の給与と言える。私の仲の良い弁護士は、ここ何年も年収は一〇億円を下らないという。

金額だけを見れば、一番稼げるのは間違いなくインベストメント・バンカーだ。彼らの仕事も実にハードだが、コンサルタントのハードさがそれに劣るわけではない。にもかかわらず、彼らの世界では何百億円というボーナスが当たり前だ。リーマン・ショックの翌年の二〇〇九年でも、ボーナスが一〇〇億円を超えた人が一〇〇〇人以上いた。

どうしてこれほど現実離れしたことが起こるかというと、私が見る限り、顧客を騙すに近い要素があるからだ。そうでもしなければ、そんな金額が転がり込んでくることはあり得ない。ちなみに、その一〇〇〇人の中に日本人はいなかった。

だが、給与というのは面白いもので、どこかでバランスが取れている。インベストメント・バンカーは、その手口の不誠実さから倫理観に悩む人も多い。高給は得られてもプライドを保てないのが現実だ。心の病気に陥る人も多い。その点、医者とコンサルタントは、給与は過酷さと割に合わないものの、プライドは大いに保つことができる。

金銭ではなく仕事そのものに喜びを感じ、そのためにハードワークをするだけの体力がある、ということが、コンサルタントの第一条件と言えるだろう。

「up or out」という厳しい世界

†「三年」と「七年」がターニングポイント

ハーバードやスタンフォード、シカゴにウォートンというような名立たるビジネス・スクールを優秀な成績で卒業する学生は、ベスト・アンド・ブライテスト（best and brightest）と称される。成績上位一〇％ぐらいの学生がこれに該当するが、そういう学生を選りすぐって採用するのがコンサルティング・ファームだ。

だが、前述したように、コンサルティング・ファームにこれだけ優秀な学生が集まる中で、三年で半分、七年で七人のうち六人がこの世界から去っていく。コンサルティングはそれだけ厳しい世界だ。

この内部競争は、コンサルティング・ファームの品質管理として必要なのだ。コンサルタントとして役に立たない人をファームに置いておくわけにはいかない。これは、プロ野球チームがチーム力を維持するために選手を入れ替えるのと同じことである。

ちなみに、この三年、七年というのは、ＭＢＡ取得者の話のことで、学卒でコンサルティングの世界に入ってくる人は、さらに数年足して考える必要がある。つまり、ＭＢＡ取得者でコンサルティング・ファームに入って三年以内、学卒者で五年や六年以内にファームを去った人は、コンサルタントとしては失格だったということを意味する。

だがこれは、その人が人間失格とか、ビジネスパーソンとして失格だということを意味しない。単に、コンサルタントとして能力が不足していたということに過ぎない。プロ野球選手として通用しなかったからといって、人間として失格というわけではないのと同じ話だ。実際、コンサルティングの世界を去った後で、優れたビジネスパーソンになったり、別の分野で活躍したりしている人は数多くいる。

一つ面白いのは、三年経って、さらに七年経ったとき、残れるチャンスがあるのにファームを自ら去っていく人はほとんどいないことだ。それはなぜかというと、人間、自分が戦えるとわかったら、どこまで通用するか試してみたくなるものだからだ。野球を始めてどんどん上達してプロ野球選手になることができ、一軍の試合に出られるチャンスをもらったのに、テレビタレントになるからといって野球を辞めてしまう人はまずいない。誰しも、一軍の試合でどこまで戦えるか試してみたいものだからだ。

†自分の能力不足は、自分で痛感せざるを得ない

なぜ、三年と七年が一つの区切りになるのかというと、そこが大きな節目となるからだ。

前にも述べたように、コンサルティングの世界では三年でマネージャーになって現場を取り仕切る役目となり、七年でプリンシパル（バイス・プレジデント、マネジングディレクター、もしくは執行役員）になって、顧客に対してプロジェクトの全責任を負い、戦略の最終設計を行うようになる。出版や雑誌の世界にたとえれば、プリンシパルが編集長で、マネージャーが副編集長のようなものだ。全体の最終責任はプリンシパルが負うが、現場の進行レベルの責任や計画作りはマネージャーが行う。

三年あるいは七年で、人を残すかどうかというのは、上の人間が判断する部分もあるが、大抵の場合は当の本人が一番自覚している。

コンサルティング・ファームでは、どの案件も、シニアからジュニアまで、四人から七人ぐらいのメンバーで、ケースチームというものを作って仕事に臨む。そこでは、毎日のようにメンバーが集まって、ディスカッションをしたり、自分が担当しているタスクの成

果を持ち寄って検討したりする。

その日々の仕事の中で、自分がどれくらいの価値をチームにもたらしているかは痛いほどわかってしまう。どういう情報を集めてくるか、どういう分析をしているか、どういう視点を提供しているか。メンバー間の能力の序列は露骨なまでにわかってしまうのだ。

それは野球で言うと、球のスピードが速いか遅いか、変化球のキレがいいか悪いか、バットの振りがシャープかどうか、守備範囲が広いかどうか、ということだ。グラウンドでプレーをしていれば、その序列は、選手自身が如実に感じ取ってしまう。誰が一番うまくて誰が一番ヘタだとわざわざ監督が言わずとも、よほど鈍い人でない限り、選手自身がわかるものだ。

一兵卒のコンサルタントとして、十分な働きができない人間にはマネージャーは務まらない。なったところでメンバーがついてこない。それがわかるから、自分に力が備わっていないと思ったら、怖くてマネージャーにはなれない。同じように、マネージャー以下全員から尊敬を集め、全員が言うことを聞くようでなければチームを束ねるプリンシパルの役目は果たせない。対顧客という意味でも、顧客が耳を傾けるだけのものを備えていなければ、プリンシパルは務まらない。

だから自分がそのレベルに達しているかどうかは、本人が痛いほどわかるのだ。同じ時期に入社した人間が、何人かマネージャーなりプリンシパルに昇進して、自分の力がまだそこにはほど遠いと思ったら、その人はもう辞め時だ。上の人間がわざわざ戦力外を通告しなくても、昇進できるかどうかの面談で、本人が自分から口を割る。

「堀さん、わかってます。私、無理だと思います。潔く辞めます」

そういう言葉を聞くたびに私は、この世界の厳しさを改めて実感する。

「辞める前に一つだけお願いがあります。今まで堀さんとゆっくりお話する機会がなかったので、辞める前に一度でいいので二人で晩ご飯を食べさせてもらえませんか」

続けて、こう頼まれることもしばしばある。そのときは、これまでの労をねぎらい、次の人生の成功を祈って送り出す。

✝年功序列・終身雇用ではコンサルタントは育たない

ふるいがけを乗り越えた者にも試練は待っている。最初にマネージャーやマネージャー見習いになって、プロジェクトの現場を任せると、多くの人がプレッシャーで不眠症になる。わからないことが山ほどあって、上からは叩かれて下からは突き上げられる。そのときに、上の人間がマネージャーの仕事を教え込んでいくと、必要に迫られて身につけるだけに、一生ものの力になる。

マネージャーを経てプリンシパルになれば、コンサルタントとしては一人前だ。一〇年経つと立派なものだが、この過酷な仕事を二〇年も続けていると、多くがバーンアウト、つまり燃え尽きてしまう。その点、私が三〇年もコンサルタントを続けているのは、私がコンサルティングが心から好きだという以外に理由が考えられない。

ちなみに日本人の戦略コンサルタントで三〇年以上続けている人、まだバーンアウトしていない人、卒業していない人は私一人しかいない。もっとも、進化できないで脱皮せずに三〇年もいるのは堀しかいないとも言える。まぁ、同じことだと思う。


なお、ここで述べた、昇進するか、会社を去るか、という習慣を、コンサルティングの世界では「アップ・オア・アウト（up or out）」と呼んでいる。「アップ（up）」は昇進、「アウト（out）」は会社を去る。この世界に現状維持はない。実はこの「現状維持」がないということが、コンサルティング業界の厳しさの一番の根源なのだ。

そして、このような風土の有無が、日本で一流のコンサルティング・ファームが育たない原因となっていると私は思う。日本のコンサルティング会社は、主に銀行や証券会社の子会社であることが多いが、そういう大企業的雇用環境の中では、大量の「アウト」を定期的に作ることができない。昇進や昇給も年功序列で決まっていく。プロフェッショナルの世界とは根本的に馴染まないのだ。

もう一つの大きな理由は、子会社であるという会社の性格そのものにある。銀行や証券の本業で活躍する人と比べれば、一枚落ちる人がコンサルティング会社に配属されているのが現実だ。二流とまでは言わないが、一・五流の人たちの集まりだ。

片やこちらは、名立たるビジネス・スクールのベスト・アンド・ブライテストな人材を選りすぐって、熾烈な競争環境の中で戦っている集団だ。彼らが我々と同等に渡り合うことなどできるはずがない。日本的経営で、一流の経営戦略コンサルティング・ファームを作ることは到底できないだろう。何十年経っても日系の戦略コンサルティング会社が生まれてこなかったのには、確かな理由が存在していた。そして今、日本で初めてのプロフェッショナルなコンサルティング会社が育ちつつあるのだ。

第一印象で顧客の心をつかむのがシニアの務め

✝コンサルティング・ファームに営業部門はない

コンサルティング・ファームに限らず、弁護士事務所も、公認会計士も、医者も、プロフェッショナルな会社には、営業部門というのは存在しない。プロフェッショナルな会社では、営業活動はプロフェッショナル自身が行うのが常だ。弁護士の営業活動は弁護士自身が行うし、医者の営業活動があるとしたら、それは医者自身が行うものだ。他の人がやることではないし、他の人では務まらない。

コンサルティング・ファームの場合、コンサルタントはコンサルタントでも、シニアなパートナーのコンサルタントが営業を行っている。これは世界中どのコンサルティング・ファームでも同じことだ。営業活動が実を結び、案件がスタートすると、シニアなパートナーとジュニアなコンサルタントがチームを組んで対応する。

コンサルティングの営業活動をシニアなパートナーが行っているのは、それがコンサルティングの骨格を作る作業を兼ねているからだ。コンサルティングは、「何が問題か」を定義することが最も重要だということをこれまでに何度も述べてきた。営業活動は、ジュニアなコンサルタントでは到底力不足だ。

†顧客の心をつかむ「分析手法」とは?

そしてシニア・コンサルタントの役割がもう一つある。それが、クライアントの信頼を得ることだ。

初めての企業をコンサルティングするときは、第一にクライアントの信頼をつかむところから話を始めるのを常としている。実はこれには、ちょっとしたノウハウがある。

たとえば、全くの一例に過ぎないが、売れている商品、売れていない商品のデータをもらう。そして、その具体的なデータにもとづいて徹底的に売れた理由、売れなかった理由を分析することだ。

たとえば出版社なら、過去に売れた本を上から五〇冊、売れなかった本を下から五〇冊挙げてもらう。それにもとづいて、売れた本の共通点、売れなかった本の共通点、売れた本と売れなかった本の相違点をコンサルタントが分析するのだ。

実際のデータを元にした分析だから、大抵の人が納得する。

一番多いのが、

「薄々気づいてはいたけれど、そこまではっきり認識していなかった」

という感想だ。

これは、我々コンサルタントが魔法を使っているわけでも何でもない。企業の現場で、売れた理由と売れなかった理由を自分たちで分析できているというのは、実は滅多にあることではないのだ。それを、コンサルタントが代わりに目の前でやって見せているだけだが、多くの場合、彼らの肌感覚とも見事に合致する。一見意外な結論に至ることがあっても、「よくよく考えてみるとそうだ」という結果に落ち着く。

この時点で、クライアントはコンサルタントを信頼する。コンサルタントのアプローチや視点に価値を見出すようになる。そこから、ようやく本当のコンサルティングがスタートする。クライアントとともに、何が最重要の問題であるかを議論して、一緒に課題を解くチームを作り上げていくのだ。

徹底した現場主義がすべての基本

✝疑問があれば、まずは現場に出向く

現場を知らなければコンサルティングの仕事は成立しない。刑事が、事件の解明に行き詰まったら犯行現場にお百度参りをするように、コンサルタントも現場を訪れる。

たとえば、今考えている戦略に具体性が欠けるとき、現場にいってみる。すると、必ずヒントがある。現場にいって、ユーザーが何に対してどのような文句を言っているか、小売店の店主が誰にどうやって商品を売っているか、そういうことを自分の目で見て、自分の耳で聞くと、必ず何かを見つけられるのだ。

こうしたインタビューにもいろいろコツがあるが、とにかく現場の人に張り付いて、一緒に行動することが一番いい。実は私は三菱商事の前は新聞記者をやっていたので、このあたりは得意だった。

前述したホンダのコンサルティングの案件では、ホンダのセールス担当と一緒に販売店

回りをした。そこが現場の最前線なのだから、当然のことだ。

二輪車の販売で大きなボリュームを占めるのは、メーカー各社の品を扱う量販店である。ホンダもヤマハもカワサキもスズキも、ときにはハーレーダビッドソンも売るといった併売店だ。販売店の中には、ホンダならホンダだけ、ヤマハならヤマハだけを扱う専売店もあるが、ボリュームとしては小さい。一方、大きな量販店になると、年間一〇〇〇台以上売るところもある。

そういう量販店を、ホンダのセールスと一緒に見て回った。優秀なセールス、標準的なセールス、成績の悪いセールスに、それぞれ二日間ずつ、月曜日から土曜日まで付いて回った。それだけで、それぞれのセールス担当の良し悪しの理由がすぐにわかった。

成績の悪いセールスは、自分を歓迎してくれる店にいく。自分を歓迎してくれる店というのは、客が来ない暇な店だ。店も暇なものだから、お茶やお菓子を出して、セールスを話し相手にする。そこで商売の話でもすればまだしも、売れていないからそういう話にもならない。前日の巨人・阪神戦談義に花を咲かせるのがオチだ。そうやって商売と関係ないことに時間を使っていては、商品が売れるわけがない。

優秀なセールスは、一番売れる店にいく。そういう店は忙しいから、店の人間から悪態をつかれるのが常だ。

「何しに来やがった。用もないのに来るんじゃねぇ」

それでも嫌な顔一つしない。

「いつもたくさん売っていただいてありがとうございます。今日はうちの商品を磨きに来ました」

そう言って、倉庫にあるホンダの二輪車を磨き上げては、店頭に並んでいたヤマハの二輪車を倉庫にしまって、代わりに店頭に並べてしまう。地道かつ泥臭いセールス手法だが、販売店の社長は、身一つでのし上がってきた叩き上げの人が多い。そういう人は、このような熱心なセールスに感心して目をかけてくれることが多いのだ。

もっとも、できるセールスはそういった地道な活動をしているだけではない。その間も店の状況をつぶさに観察している。競合の二輪車が昨日からどれぐらい売れているか、敵は値付けを変えてきているかなど、情報収集を欠かさないのだ。

そしてそういう情報を、会社に戻って支店長に報告し、今後の販売方針について議論をする。こうして、商品はさらに売れるようになる。

これが、優秀なセールスと成績の悪いセールスの差だ。こういうことは、実際に現場に出てみないとわからない。逆に言えば、現場に出てみるとすぐにわかる。ちなみに、会社から言われたことをそのままそのとおりやって、そこそこの成績をあげているのが標準的なセールスだ。

✝「現場回り」にはフットワークの軽さが不可欠

販売店を回ると、競合の状況もよく見える。

一九八一年十月、HY戦争の激戦区の神奈川県で、ヤマハが月間売上台数でホンダを抜いた。そのヤマハの勢いが全国に広まりつつあった。その実態をつかむべく、一つの地域をサンプルにして、販売店の全数調査をやることになった。どの店がどのメーカーのどの車種を何台扱っているかをつかむ調査だ。

チーム五人で見て回れる規模と都心からの距離を勘案して、場所は千葉県松戸市に決まった。松戸には、大きなものから小さなものまで販売店が五〇軒あった。それを手分けして、二日間ですべて調べ上げた。

宿泊先はなんと場末のピンク色のネオンがついたホテル。後にも先にも、あんなひどいところに泊まったことはないというようなところだったが、現場を回るからには、こんな苦労は日常茶飯事。それでも軽々とこなしてしまうフットワークが不可欠だ。

†保険のトップセールスたちから教わったこと

第一生命のコンサルティング案件も、思い出深いものの一つだ。この案件でも、セールスの現場を把握するところからスタートした。そこでまず、柴田和子さんという、「販売の神様」と呼ばれていたトップセールスの方の話を聞くことになった。柴田さんは、第一生命の社長の年収が五〇〇〇万円程度だった当時、六倍近い三億円の年収を稼いでいた。

聞けば、柴田さんは、新規のお客さんに会ったときに、自分のお客さんが事故に遭ったときの話をするという。

「その方、奥さんと二人のお子さんと家族四人で山にドライブにいったのよ。山道を上っていたら、対向車線からダンプカーがセンターラインをオーバーして突っ込んできたの。山道って曲がりくねっているでしょ。それで避ける暇もなくて正面衝突して車が大破したのよ。幸い生命は助かったんだけど、その方が大きな怪我をして、緊急手術で輸血が必要になったの。血液型を調べたら、五つになる坊やしか血液型が合わないってことがわかって……。病院の先生が、『坊やの血を抜かせてもらってお父さんにあげたいけどいいかな』

って尋ねたらしいの。坊やはわなわなと震え出して、唇を紫色にして、大粒の涙をこぼしながら『先生いいよ、僕お父さん大好きだから。僕にとって一番大切なお父さんだから、僕の血お父さんにあげてください。僕死んでもいい』って。どうやらその子、自分の生命と引き換えにお父さんを助けるっていうことだと勘違いしたらしいんだけど、おかげで手術は無事に成功したのよ。その方は今もお元気で、お勤めになっていらっしゃるけれど、お子さんっていうのはやっぱりそれぐらいお父さんのことが大好きなのよ。お父さんに万一のことがあったら、それだけでお子さんは辛いでしょうけれど、そのお子さんが大学にいけないとか、生活の面で苦労かけたくないでしょ。そのために、悪いことは言わないから生命保険に入っておきなさい」

柴田さん曰く、「この話でだいたい皆さん決心される」ということだ。

保険の販売とはそういうものか、と思ったが、特殊な例ということもありうるので、その検証のために、競合の日本生命で年収数千万円を稼いでいた腕の立つ女性に、営業に同行させてほしいと頼んだ。本社から来た見習い社員ということにして、同行をさせてくれることになった。

「あなた、今日はいい日に来たわよ。私が三年前から目をつけていた、社員一〇〇人ぐらいの中堅企業の社長さんに会いにいくのよ。社長さんの経営者保険、企業保険、社員さんの生命保険と、いろいろ取りたかったんだけど、なかなかアポを受けてもらえなかったの。そのアポが今日取れたのよ」

その会社にいくと、秘書の人に応接室までとおされた。すると、隣の部屋から壁越しに大きな怒鳴り声が聞こえてきた。

「バカヤロウ、てめえ、どうなってるんだコノヤロウ」

姿は見えないが、怒鳴りちらして罵倒しているのは社長に違いない。これはとんでもない状況だ。保険のトップセールスはこんなときどうするんだと思っていたら、

「堀さん、今日は帰りましょう」

と言ったかと思うと、小振りで角が丸い、いかにも女性らしい名刺に、「本日はお邪魔しました。お忙しいようなので、また別の日に参ります」と言葉を添え、秘書に渡して一五分も経たずにその会社を後にした。

帰りの車で私は尋ねた。

「先ほどの社長さんは、三年越しで待っていた、言うなれば恋人みたいな人じゃないですか？　それなのに、隣の部屋で怒鳴っているからってあっさり帰ってしまうのはどうして

ですか?」

「堀さん、あなたはハーバードだか東大出だか優秀なコンサルタントだか知らないけれど、営業とか人の気持ちっていうのがまったくわかってないわ。全然駄目ね。いい？　社長さん怒ってるのよ。怒ってる人に会ったっていいことなんて何もないの」

確かにそのとおりだ。

「で、名刺置いていったでしょ。それを見たら、社長さんだって『いつか来ると言っていたあの保険のセールスのおばさんが今日来ることになってたな』って思い出すでしょ。向こうだって『悪いことしたな』『自分が怒ってたせいで帰らしちゃって悪かったな』って思うのよ。そうしたら、次にアポのお願いしたら確実にアポが取れるの。それに、向こうは悪いと思っているから、『俺の経営者保険ぐらいでよければ入るよ』っていう話になって、取っ掛かりができるの。だから、怒っているっていうのは最高のチャンスだったの。それをなまじ残っていたら、チャンスをみすみす捨てていたことになったのよ」

現場にいかないと見えてこないものは山ほどある

私はここで、営業のノウハウを語りたいわけではない。ここで取り上げたエピソードで私が言いたいことは、とにかく現場にいかないと、見えてこないものがあるということだ。ホンダで四輪の研究所の所長をされていて、後にホンダの社長になった川本信彦氏も同じことを言っていた。

「うちは営業がだらしないから仕方がない。俺は時間があれば販売店にいくんだ。販売店のオヤジは、俺が研究所の所長だって知らないもんだから、『冗談じゃないよ、バカヤロウ。こんな売れない車作りやがって。ここがダメだから売れないんだ』って、俺が知りたいことを全部教えてくれるんだ。そういう声は、本社からは絶対に聞こえてこない。自分が現場にいくから聞こえてくるんだ」

コンサルティングも同様だ。刑事は事件が起こるとまず現場にいき、事件の解決が行き詰まると何度も現場に通うように、コンサルタントも、まず現場を見て経営状況を分析し、戦略に具体性が足りないときは、ヒントを求めてまた現場にいく。コンサルティングというのはそういうものだ。

コンサルタント出身者が活躍する理由

✝「次のキャリア」は人それぞれ

近年、社会全体で、コンサルタント出身者たちが増えているように見える。

これはもちろん、日本でコンサルティングというものが広まるにつれ、コンサルタント出身者そのものが増えてきたということもあるだろう。あるいは、最初から他のビジネスをするにあたり、武者修行のような気持ちでコンサルティング業界に入ってくる人がいるのも事実だ。元々、ずっとコンサルティング・ファームに残ろうと思っている人が少ない、ということもある。

だが、大きな要因として、前に紹介したコンサルティングの世界の「アップ・オア・アウト（up or out）」の習慣があるだろう。なにしろ、三年で半分が、七年で七人のうち六人がコンサルティング・ファームを去らねばならないから、去っていった人は次の道を探さなければならない。

自らがコンサルタントに向いていないと気づいた人の多くは、自らコンサルティング・ファームを去っていく。そういった人たちに対し、私はお世辞でもなんでもなく、「コンサルティング業界でダメだったからといって、君に能力がないというわけではない」と言うことが多い。そしてそれはまったくそのとおりで、コンサルティング業界でダメだったが、外の業界で大活躍している人は枚挙に暇がない。そして、コンサルティング・ファームでハードな仕事を体験してきた経験は、どんな分野でも必ず役立つ。

コンサルティング・ファームを去った人が次に選ぶキャリアで多いのは、インベストメント・バンクだ。中でも、業界動向を分析する業界アナリストになる人が目立つ。

コンサルティング・ファームで磨いた調査力と、インベストメント・バンクのアナリストの能力とでは、プロフェッショナルとアマチュアぐらいの開きがある。コンサルティング・ファームである程度やってきた人をもってすれば、インベストメント・バンクの業界アナリストでナンバーワンになるぐらいはわけがない。向こうからもその力を求められ、コンサルタントも自らが活躍できる場を求めていくのもわかる。

次に多いのは、ヘッドハンターへの転職だ。コンサルタントが幅広い業界を知っているということが有利に働くのかもしれない。元コンサルタントで、ヘッドハンティング会社で高いポストに就いている人間は多い。

なぜ、事業会社のトップとして活躍できるのか？

だが、コンサルタントの次のキャリアとして最近目立つのは、事業会社の経営者になって活躍するケースだろう。

コンサルティング・ファーム出身者が、なぜ事業会社に移って活躍できるかというと、端的に言えば多くの業界と多くの会社を見てきた経験、ということに尽きる。

大きな企業の経営者は、企業の進むべき方向を定めて、その計画に沿うように人を使うのが仕事だ。社長がプレーヤーとして何かをしなければ会社が回らないということはあり得ない。

典型的な例で言うと、社長には四人の部下がいれば会社は回していける。営業部門、製造部門、開発部門、そして管理部門のトップだ。営業所や工場、研究所が全国、海外に何箇所あろうとも、部門の責任者は各一人、計四人いれば十分だ。

企業は、これらの部門が連携して、全体としてのパフォーマンスを発揮している。極端なことを言えば、各部門が互いの部門のことを理解し合って、スムーズに連携して、全体のパフォーマンスが最適になるように動くことができれば、社長は存在する必要がない。

だが実際は、各々の部門は他の部門のことがわからない。場合によっては互いに誹謗中傷してさえいる。「売れ筋の商品をもっと売りたいのに、製造ラインが追いつかないせいで売り逃した」と営業が製造を腐したと思えば、「営業の販売予測にしたがって製造したのにまったく売れないから在庫の山だ」と製造が営業を非難し、「うちの製造は学歴も低いし出来が悪い」と開発が製造を軽蔑し、「研究所の人は博士だか修士だか知らないが、作りにくくてコストがかかる図面ばかり描いてよこしてくる」と製造が開発にあきれ果てている。

そして、各部門が「何をするにもコストを下げろとうるさい」と管理部門を煙たがったり、「会社の利益も考えずにあれやこれやと金ばかり使おうとする」と管理部門が各部門のコスト意識の低さを嘆いたり、ということが日常的に起こる。

そうではなくて、営業部門は、部品を下請けに発注してから完成品ができ上がるまでの製造工程を知らなければならない。売りたいからといって、ものはすぐに作ってすぐに売れるようになるわけではない。製造部門は、営業部門の販売予測を鵜呑みにするのではなく、市場の見とおしや、どの程度の市場変化にまですぐに対応できるか、ということを営業部門と共有することが必要だ。この世に、一〇〇%の販売予測など存在しない。

開発部門は、製造部門に対してなぜこの図面はこうなっているのかをわかりやすく伝えなければならないし、製造部門も、どこがどう作りにくいとか、何をするとコスト高になるといったことを、開発部門と話し合わなければならない。管理部門は管理部門で、会社の財務状況を各部門に伝え、コストの制約を理解してもらわなければならないし、各部門も、どういう理由でそれだけの投資が必要なのかということを明確に説明しなければならない。

言葉に記すと実に当たり前のことばかりだが、これができていないのが企業の実態だ。これをすべてできていない企業があったとしたら、その企業はすでに市場から退場させられているはずだが、反対に、これをすべてできている企業も存在しない。どの企業も、どこかにボトルネックを抱えている。

「部門のしがらみ」が企業活動の足を引っ張る

ポイントは、企業活動の成果は、各部門のパフォーマンスの掛け算で成り立っているということだ。どこか一つ機能していないところがあるだけで、全体の結果に大きな影響をもたらしかねない。

部門間の連携や調整を、スムーズに、かつ全体最適になるように執り行うのが経営層の役割だ。だが、各部門の責任者は、その部門で育った人が多く、やはりどこかで他の部門のことがわからない。そもそも、開発部門や製造部門は、昔から数学や物理、機械いじりは好きだが人とのコミュニケーションは苦手な人が多いとか、営業部門はその反対で、コミュニケーションは得意だが、理詰めで考えるのは苦手とか、元々持っている性格上の違いがある。そういう人が、それぞれの部門に分かれて長い時間を過ごすわけで、ますます互いのことがわからなくなるのは当然のことだ。

生え抜きの社長も、大抵の場合どこかの部門育ちだ。やはり他の部門のことが見えにくい。各部門間でどういう利害対立が起こるかということも、経験したことがないからわからない。さらに、五年一〇年というスパンで会社全体の方向性を定めることにも慣れていない。

†「ズレ」を見つけるのはコンサルタントの得意技

その点、コンサルタントは、部門間でどういう対立が起こりうるか、それをどうやって解決して全体のパフォーマンスを最大化するか、ということを多くの企業で山ほど経験している。先ほどコンサルタントの能力として、インタビューを行うことによって各部門の「ズレ」を探り当てる、というものを紹介したが、まさにこれである。

そして、五年一〇年を見据えて戦略を作るのもコンサルタントの本領だ。コンサルタント出身の経営者がいい成果を出しているのは、驚くことではない。

付け加えると、大企業の中には、性格の大きく異なる複数の事業を展開しているところも多い。そういう会社は大抵事業部制を敷いていて、ほとんどの人は事業部の中で育っている。事業部が違えば、業界が違う。業界が違えば、価値観も行動様式も違う。他の事業のことがまったくわからないのも無理はない。

たとえば、同じ化学品の中でも、大量生産されるエチレンやベンゼンといった「バルク・ケミカル」と、多品種少量高付加価値の「ファイン・ケミカル」では、事業の性格が天と地ほど違う。前者はトンあたり何円という利益しか出ない商売で、コストに対して非常にうるさい。反対に、後者は一〇〇グラムいくらの世界で、あたれば大いに儲かる。売れればコストは後で十分に回収できるから、コストをかけてでも売れるものを作ろうとするインセンティブが働く。経営者は、こういう性格の異なる事業を一つの会社として束ねていかなければならない。

そういう点においても、コンサルタントは、さまざまな業界を見ているし、事業部制を敷いている企業のコンサルティングも経験している。経営に不慣れな生え抜きの人よりは、圧倒的に引き出しの数は多い。

このような要因が、コンサルタント出身の事業会社の社長が活躍する大きな理由と言えるだろう。

✝ベンチャーの道は険しいが……

事業会社に転職する人ももちろんいるが、自分でビジネスを始める人も多い。ただ、コンサルティング業界出身だからといって、スターティング・ニュー・ベンチャーは、簡単に成功させられるほど甘い世界ではない。「千三つ」という言葉があるほど、ベンチャー・ビジネスを成功させるのは難しい。

これは考えてみれば当たり前のことだが、ベンチャーで成功するのに有利な職歴などありはしない。たとえば、飲食業界出身だからといって、飲食ビジネスのベンチャーで成功できる保証はない。仮に、経営コンサルティングの経験が活きたとして、元が「千三つ」

なだけに、成功率は高が知れている。

こう言うと身も蓋もないかもしれないが、ベンチャーを大きく成功させるために必要なものは、他の何よりも運と根性だ。もちろん、どちらもどんな仕事で成功するためにも必要な要素だ。だが、ベンチャーでビジネスを大きく成長させるための運と根性は、それとは次元がかなり違う。世の中の流れがどれだけビジネスを後押しするか、訪れた流れにどれだけ頑張って乗り切ることができるか、それが大きな鍵を握る。

たとえば、消費者金融ビジネスは、ある時期大きく伸びたが、時流に押されて伸びている間に運をしっかりとつかみとることができずに、次第に多くの法律で縛られて成長余地がなくなっていった。しかもその間に支援してくれる仲間をまったくと言ってもいいほど作っていなかった。

反対に、パチンコ業界は本来的には消費者金融よりも法律上グレーであったはずなのに、時流をつかんで伸びている間に、しっかりと警察の押さえるところを押さえて、合法なビジネスにしてしまった。政治家にも仲間を何人も作った。善悪論は別として、ビジネスの世界で運をつかむとはそういうことだ。

ゲーム業界の生々流転、勢力の変遷も、ビジネスは結局のところ運だという思いを強く抱かせる。

　ゲーム業界で最初に大きく伸びたのは任天堂とセガだ。セガは、中山隼雄氏が社長に就任して、一九八〇年代から九〇年代にかけてアーケードゲーム機で大当たりした。後にセガを買収することになるサミーは、スクウェアやエニックス（現在は合併してスクウェア・エニックス）、カプコンなど、ゲーム業界各社が上場して大きな成長を遂げる中、長く鳴かず飛ばずの状態が続いていた。

　その間、サミー社長の里見治氏はセガの中山氏から子分扱いされる苦渋を味わっていた。二〇〇〇年代に入ってその流れが変わる。サミーのパチスロが大当たりして、上場を果たし、ついにはセガを買収するまでに至った。中山氏も、里見氏も、二人とも多大な努力をしていたはずだが、その時々で栄華の差を分けたのは、運に恵まれたかどうかでしかない。

　ただし、努力した者、根性を発揮した者にしか「運」が訪れないのも事実。そういう意味では、コンサルタント時代にハードな仕事を繰り返してきた経験は、プラスにこそなれマイナスにはならないだろう。

このように、コンサルタントのキャリアパスは多様だ。私のように、長くコンサルタントを続ける道もある。どの道を選ぶにしても、この世界の先には、チャレンジングで魅力的な世界が待っている。コンサルティングというのは、その点でも実に面白い仕事だ。

ハードな仕事を補って余りある「やりがい」とは？

✝コンサルティングの「三つの喜び」

コンサルティングの仕事は非常にハードだ。だが、私はこの仕事を数十年やってきたが、いまだに飽きるということを知らない。なぜなら、ハードではあるがその分、多くの喜びを得られる贅沢な仕事でもあるからだ。

具体的には、「三つの喜び」が味わえるのが、この仕事だと思っている。

一つ目は、限られた時間の中で、クライアントに納得してもらえるような戦略の論理を構築できたときの達成感だ。

現場を回ってさまざまな人にインタビューし、グラフを描いて因果関係を探る。行き詰まったらまた現場を訪れる。「何が問題か」を徹底して追求し、真の問題を発見する。新しい視点を獲得する。そうした過程を経て、私自身が納得できて、クライアントにも納得してもらえるような戦略を構築できたときは、大きな喜びだ。

それは恐らく、作曲家が新しい曲を作り上げ、発明家が何か新しいものを発明したときに感じる喜びと同じものであるはずだ。自らの創造性を発揮して、一つのものを作り上げた喜びだ。コンサルティングとは、実に創造的な仕事なのだ。

†プレゼンの途中で指示を始めたある副社長

二番目の喜びは、クライアントにコンサルティングの価値を認めてもらえたときに感じることができる。プレゼンテーションの際、自分が作った戦略が相手の心に響いていくのを見るのは実に嬉しいことだ。

忘れられない出来事がある。ホンダの案件で、朝九時から午後四時までという長丁場のプレゼンテーションに臨んだときのことだ。大きな案件だったため、それだけの時間が必要だったわけだ。聴き手は、四人の副社長であった。

午前の部のプレゼンテーションが終わったとき、そのうちの一人、営業担当の副社長が、国内営業担当常務を呼んで、やおら指示を出し始めた。

「おまえ、これとこれとこれ、早速取り掛かれ」

私は驚いて副社長をなだめにかかった。

「副社長、待ってください。まだ、午後の部がありますから。それからご判断、ご指示をお願いします」

「何を言っているんだ。さっきの話を聞いて、この戦略はいいに決まっているから、少しでも早く実行に移すんだ」

そう言って、私の制止などお構いなしで、部下への指示を続けた。

正直、ホンダという会社の実行力に驚かされたものだが、プレゼンテーションの途中であるにもかかわらず、外部のコンサルタントの目の前で、部下を呼びつけてまで指示を出すほど感じ入ってくれたということが、本当に嬉しかった。こういう反応を見ると、いいコンサルティングをしたという実感が湧いてくる。これが、二つ目の喜びだ。

三つ目は、提案した戦略をクライアントが実行して、成果が数字として現れてきたときだ。売上や利益が上がったり、競合との差を引き離したりしたときには、自分が作った戦略が正しかったことが実感できる喜びがある。自己満足の世界と言われるかもしれないが、多額のコンサルティング料を払ってくれたクライアントの大きな期待に、結果で返すことができるのは、やはり嬉しいことだ。

この三つの喜びは、何ものにも代え難い。一つの仕事で、三度も、それも時間差で喜びを味わえるのが、コンサルティングの醍醐味だ。だから私はこの仕事をやめられない。三〇年もの長きにわたってコンサルティングを続けてこられたのも、この喜びがあったればこそだ。コンサルティングの仕事は実に面白い。

第5章 コンサルティング・ファームを使いこなせる企業が勝つ

経営者にも「覚悟」が問われる

✝商品と営業所をいきなり「半分」にできるか？

私の手掛けてきたいくつもの案件のうち、クライアントの企業からも満足をいただき、自分でも大きな成果が上げられたと納得のいったケースに共通する要素がある。それは、「経営者の覚悟」である。

そのことで思い出すのが、ユニ・チャームでの仕事だ。

ユニ・チャームでの最初の仕事は、ペットフード事業のテコ入れだった。当時のユニ・チャームにとって、ペットフードは新規事業だった。コンサルティングの第一号案件がペットフード事業になったのは、事業が低調だったという理由もあるが、本業でいきなりコンサルティングを試したくないという思いがあったのは間違いない。

我々が提案したのは、ドラスティックな改革案だった。当時、ペットフードの取り扱いアイテム数は六〇、営業所は全国六カ所に設けていたが、売上は三〇億円に留まっていた。それを整理するため、大胆な商品数、営業所の絞り込みを提案しようとしていたのだ。

ちょうど私がその話をしようと取締役のペットフード事業本部長と土曜日の午後に面会しているとき、創業者の高原慶一朗社長がそこにやってきた。恐らく、コンサルタントとどんなやり取りをしているのかが気になったのだろう。

そこで私が、

「商品数を半分に減らして三〇に、営業所も東名阪の三カ所に減らしましょう」

と提案したところ、取締役はひっくり返るほど驚いて言った。

「アイテム数を半分にして営業所も半分にしたら、四分の一の七億円しか売れませんよ」

「倍の六〇億売れると思います」

私がそう答えると、議論を横で聞いていた社長が突然膝を打った。

「その路線を深掘りしよう」

私はその瞬時の決断の見事さに思わず感じ入った。商品を絞り込む、営業所を潰すなどというのは、社内からの反発も非常に大きい施策だ。にもかかわらず、それをその場で即決した高原社長の覚悟は本物だと思った。

結果、ペットフード事業はこの施策で息を吹き返した。社長の決断は見事に成功したのである。後にこのペットフードの会社は子会社ではあるが立派な上場会社となった。

その後、信頼を得た我々は、ユニ・チャームの本業であるベビー用品や女性向けケア用品のコンサルティングにも携わった。最終的には、事業の海外展開を提案する。さすがの高原氏も初めは海外展開を嫌がったが、何度も説得して海外進出を促した。今、ユニ・チャームは海外から大きな収益を上げている。

高原氏は私たちの働きに大変感謝してくれているが、同時に「高い」という印象も強烈なようで、いっとき会う人ごとに「私は堀さんに六億五〇〇〇万円払った」とおっしゃっていた。

✝革命を起こすくらいでないと、コンサルタントを雇う意味はない

さて、本章の冒頭にこの話を紹介したのは他でもない。コンサルティングを本当に成功させるには、コンサルティング・ファームだけの努力ではどうにもならない。仕事を発注する側、経営者の「覚悟」こそが問われる、ということを言いたいのだ。

会社を一度叩き壊し、ゼロからまた作り上げるくらいの覚悟、つまり「革命」を起こす

くらいの覚悟を持った経営者は強い。そして、億単位の金銭を支払ってまでコンサルティングを頼むのだから、そのくらいの思いで企業を変えるつもりがないなら、それは経営者としては背信行為だ。

本章では、主に会社の立場から、「コンサルティング・ファームをどう使いこなすか」について触れていきたい。それを会社、コンサルティング・ファーム双方が知っておくことが、日本経済全体の利益になると考えるからだ。

コンサルティングの責任とは？

†「会社を変える」ことは不可能？

「一人のコンサルタントが会社を変えた」

こんなフレーズをよく聞く。あるいは実際に、「会社を変えてほしい」ということで、コンサルティングの依頼をしてくる人もいる。コンサルタント自身も「会社を変えることができるのがこの仕事の醍醐味」などと言ったりする。

だが、これは全くの勘違いであると、私は思っている。コンサルティングはあくまで、クライアント企業とコンサルティング会社の共同作業。コンサルタントが勝手に戦略を作り上げるわけではない。しかも、その戦略を実行するのはあくまでクライアント企業である。つまり、コンサルティングの結果、会社が変わったとすれば、それはクライアントが、コンサルタントが立案した戦略を受け入れたからだ。だから、経営コンサルタントは、会社を変えることはできない。

私も言葉のあやで「会社を変えた」という言葉を使うことはあったが、クライアントの決心と行動がなければ、会社は変わらない。コンサルタントが作った戦略を、どれだけ説得しても受け入れてくれなければ、それを無理強いすることはできない。

それがコンサルティングという仕事であり、会社もまた、その覚悟を持ってコンサルティング・ファームと付き合うべきである。「コンサルティング会社に依頼すれば、自動的に戦略を立ててもらえるんでしょ」と考えている企業があるとしたら、それは全くの勘違いだ。

コンサルタントは「医者」であって、「医者」ではない

よく、コンサルティングという仕事は医者にたとえられる。「やり方は示すが、やるのは自分ではない」という面では、確かに似ている。

医者にできるのは診断と治療の支援までだ。医者は、健康状態の診断をして、改善のための治療計画を示せても、そこから先、患者がそれを実行することまでは、支援はできても強制はできない。患者が自分の意思で治療を拒んだら、患者を治すことはできない。

コンサルティングも同様で、戦略を立て、企業が進むべき道を示しはするが、それを実

行するのは企業である。もっともコンサルティングによっては、「実行支援」までを企業側に提供することがある。企業が本腰を入れて改革をしたいのなら、やはりここまでやるべきだと私は思っている。いわば退院後も定期的に通院して、経過をチェックしてもらい、治療方針から大きく外れずに完治を目指す、といったようなことだ。

ちなみにこの「実行支援」については、欧米の企業に比べて日本の企業はまだまだそこまで頼んでいるところは少ない。

ただ、医者と大きく違う点もある。コンサルタントは、よりクライアントの意向を重視しなければならないということだ。

通常、医者が、「手術が必要だ」と言えば、ほとんどの患者はそれに従うだろう。逆に患者が、「こうした手術をしてほしい」と言っても、それが意味のないものだと判断すれば、医者はやらなくてもいい手術に踏み込むことはない。

だが、コンサルタントの場合は、ときにそういうことが起こりうる。

コンサルティングには、クライアントの経営者の意向を最大限尊重するという大前提がある。それを踏まえて、専門的な技術で経営戦略に落とし込むのがコンサルタントの仕事だ。その会社が実行したいと思えるとともに、実行可能なプランを作り上げる。そのため、一つ一つの戦略はオーダーメードで、作るまでに多大な時間と労力とお金が必要だ。

もちろん、経営者の意向を尊重するといっても、経営者の御用聞きに成り下がるわけではない。経営者を必死で口説いて説得して、最初は本人が反対していた戦略を、最終的には受け入れてもらうということはある。だがそれは、当の企業の利益になることを、コンサルタントが信念を持って説いた結果、最終的に経営者自身が納得してくれたことであって、意向を無視してコンサルタントが戦略を実行できるわけではない。

一方、ときには、コンサルタントの意に染まない戦略の作成を要求してくる経営者もいる。「とにかく、もっと派手に利益を上げられるようなプランを示せ」などである。「そこまでやると社員の気持ちが荒れる」と、こちらが再考を促しても、「構わないからやれ」と言われることもある。

その場合、コンサルタントとしては最終的に経営者の意向を受け入れざるを得ない。価値観が合わないこうした経営者とは、その次のプロジェクトにつながることはないが、少なくとも、引き受けた仕事の中での要望については、従わざるを得ない。そこは、医者と大きく違うところだ。こうして私のほうから去っていったクライアントも、この三〇年間には何社もあった。

†非常に困難だったＪＡＬの案件

このような意味で、コンサルタントのできることは限られている。よく、「コンサルタントとして多額の報酬を得ているのだから、その企業がきちんと立ち直るまで責任を持つべきだ」という人がいるが、実際にはそれは難しい。企業側にそれを受け入れる気持ちとコスト負担の覚悟がなければ、ダラダラとコンサルティングを続けるのは困難だ。

私にもいくつか、苦い思い出がある。その一つがずっと以前に手掛けたＪＡＬの案件である。

実は約二五年前、私はＢＣＧにおいてＪＡＬの戦略立案案件を請け負った。これは少々経緯が変わっていた。今、ＢＣＧ日本法人の代表を務めている御立尚資氏は、元々ＪＡＬの社員だったのだが、彼の上司の課長補佐が、案件を主導していたのだ。そのとき、御立氏にも目をつけ「ＢＣＧへこいよ」と声をかけたら、その彼が今のＢＣＧ日本法人の代表、つまり私の二代後の代表となってしまったのだから、人生は面白い。

それはともかく、まともな企業であれば、一介の課長補佐が戦略コンサルティングを外部に頼めるということは考えられない。ＪＡＬならではの複雑な事情がそこにはあったのだろう。

そうしてコンサルティングを開始したのだが、その実行はかなりの困難を極めた。

たとえば、当時のＪＡＬには、なぜ続けているのかわからないような不採算路線が数多くあった。その一つがシルク線というシルクロードにちなんだ路線であり、インドを経由してサウジアラビアまで飛ぶルートなのだが、インドから先は誰も乗客がいない。そこで担当者に、

「なぜこんな路線を続けているのか？」

と聞くと、担当者は、

「やめると大使館から文句が出る」

という。私はこの答えを聞いて唖然としたが、

「大使館から文句を言われないために飛行機を飛ばしているわけではないはずだ」

ということを粘り強く説いて、いくつかの不採算路線をなんとか廃止してもらった。

スチュワーデス（当時はフライト・アテンダントという言葉は使っていなかった）の編成にメスを入れたのも、実現に漕ぎ着けた改革案の一つだ。当時のＪＡＬは、全員日本人のスチュワーデスで揃えていた。これが組合問題も相まって高コストの一因となっていた

ので、香港の中国人を採用することを提言した。中国人スチュワーデスのほうがコストも下げられるし、英語も中国語もできて、さまざまな顧客に対応できるというのがその理由だ。これにも彼らは反対してきた。

「日本人の乗客は、日本人のスチュワーデスでないと満足しない」

というのがその理由だ。それに対して、

「スチュワーデス全員を中国人にしたら確かに問題かもしれないが、一部であれば問題ないはずだ」

「しかも、香港―東京線と、東京―ロスアンゼルス、サンフランシスコ線に限る」

と説得することで、どうにかこうにか実行に移すことができた。

一事が万事この調子だった。おかしいことや無駄なことは明らかなのに、何かにつけて、組合が反対するとか、日本人には向いていないなどと、やらない理由、できない理由をあげつらってくるのだ。また、できない理由ややらない理由を考える能力は芸術的と言って良いほど素晴らしかった。要は良い頭をビジネスではなく、他のことに使っていたのだ。

✝どうしても変えられなかった「航空業界の三プロ制約」

そのほかにも我々は、数々の改善案を出していった。だが、その多くは結局、実行に移されることはなかった。

特に、最も肝心なことを実行できなかったことを大いに悔やんでいる。その肝心なこととは、ひと言で言うと「体質改善」だ。

当時の航空業界には、「三プロ制約」というものがあった。「三つのプロジェクトの制約」を略した言葉だ。「三つのプロジェクト」とは、成田空港、羽田空港、関西空港を指している。成田は滑走路が一本しか存在しないのが一つ目の制約。羽田も漁師の反対があって拡張できないのが二つ目の制約。関空もなかなか実現に漕ぎつけられないのが三つ目の制約。

このような制約は普通、企業にとってマイナスだが、この「三プロ制約」は、ＪＡＬにとってプラスに作用していた。離着陸枠が限られているため外国の航空会社の参入が抑えられ、それによってＪＡＬは高い搭乗率を維持し、利益を出していたからだ。

それは、別の見方をすると、「三プロ制約」がなくなると、利益が出なくなることを意味していた。だが、こうした制約が未来永劫続くわけはない。空港が拡張されると離着陸枠が増える。離着陸枠が増えると、各国の航空会社が次々と日本に参入してくる。そうすると競争が激しくなって搭乗率が低下する。

この論理にもとづいて、将来の競争激化に備えて、数々の根本的な体質改善を具体的に提案していった。今からそれらの施策をやらないと、いずれ三プロ制約がなくなるとき大赤字になりますよと警告した。だが、ＪＡＬの経営陣には通用しなかった。

「今は儲かっているからそこまでやる必要はない。堀さんは心配しすぎだよ」

ということで、全く相手にされなかったのだ。

✝ＪＡＬの破綻で正しさが証明される

二〇一〇年一月、ＪＡＬは会社更生法を適用して、企業再生支援機構の支援のもと、再建を図ることになった。さまざまな改革案が発表されたが、その中のかなりの部分は、二五年前、私がコンサルティングを受け持ったときに立案した戦略と同じような内容であった。我々が立てた戦略の正しさが、今回の再建策でも証明された格好だが、私にとってはなんとも苦い思い出である。わかっていたのにそれらを実行してもらう説得力を、当時の私は持っていなかったのだ。

だが今振り返ってみると、ＪＡＬという会社は明らかに、民間会社というよりは完全に政治の場と化していた。部長クラスが政治家に取り入って、取締役の推薦を取り付けることに必死になっているような会社だった。

「○○を役員にしろ」

大勢の政治家から社長のところに電話がかかってきていた。そのことについて、社長が愚痴をこぼしていたことを今でも憶えている。思えば、その後のＪＡＬ破綻は、この頃から着実に進みつつあったのだろう。

そんな状況だったことを考えると、あれでも実現できたことは多い、当時の役員はそれなりに頑張ったと言えるのかもしれない。

正直、ここまで露骨なケースはなかなかないだろう。なんせ機長組合が独自に私個人に圧力をかけにきたぐらいである。だが、コンサルティングの仕事には、こうしたことも付き物であるというのが現実だ。いくらコンサルティング・ファームだけが頑張っても、これでは空回りする一方である。

意外と知られていない「コンサルティング料」の仕組み

実はシンプルなコンサルティングの値段

「コンサルティングは値段が不透明」

と考えている人は多いようだ。

確かに、考える仕事というものは製造業と違い、何かモノとして納品されるわけではない。それなのに大きな金額を払うということに、抵抗感を持つ人も多いのだろう。

だが、「コンサルティングは値段が不透明」というのは大きな誤解で、実は非常にシンプルに、システマティックに決まっている。少なくとも、インドや中国にまで下請けに出すようなＩＴ関連と異なり、全部自社内で制作、納品するのだから透明性は高い。

単純化して言えば、弁護士や公認会計士と同様、コンサルタントの時間単価に必要な時間をかけた金額が、請求書記載の金額になる。相手が大企業だから、中小企業だからといって計算方法を変えるようなことはない。これが、一流のコンサルティング・ファームの請求のやり方だ。

ではまず、コンサルタントの時間単価はどのように決まるのか？

これも実にシンプルだ。コンサルタントの年収を「年間労働時間」で割ればいい。前にも紹介したが、コンサルティング・ファームの「年間労働時間」の数え方は多少変わっていて、「一日八時間×週五日×年五二週」の掛け算で二〇八〇時間と決められている。祝日も夏休みも年末年始も関係なく、毎週五日間働き続けることが計算の前提になっているから、無茶と言えば無茶な話だが、コンサルティング業界では当たり前の慣習となっている。

そして、個人で仕事をする弁護士などと違うのは、コンサルティングは通常、チームを組んで行われるということ。コンサルティングに必要な時間は、そのチームのコンサルタント全員の労働時間の合計となる。当然、人数が多ければ多いほど、時間数は増える。

また、コンサルタントの年収が違えば時間単価も変わる。ほとんどのコンサルティング・ファームでは明確な実力主義を取っているため、当然、優秀なコンサルタントほど値段も高くなる。私が会長を務めるドリームインキュベータの場合も、一人として同じ年収の人間はいないから、時間単価も一人一人異なる。だからチームに優秀なコンサルタントが集えば集うほど、金額は高くなる。

†コンサルティングの値段を決める「マルチプライヤー」

こうしてチーム全員の時間単価が割り出されたら、その数字に「マルチプライヤー」を掛ける。このマルチプライヤーはまさに「魔法の数字」であり、これをどう設定するかがコンサルティング・ファームにとって最も重要なことの一つなのだ。

「マルチプライヤー」は、そのまま日本語に訳すと「乗数」だ。

当たり前のことであるが、先ほどの計算式によってコンサルタントの時間単価と総労働時間から金額を割り出したとしても、その金額だけ企業に請求するのでは、すべての収入が社員の給料に消えていってしまう。コンサルティング・ファームはオフィスの家賃や通信費、交通費、秘書の人件費に至るまで、もろもろの経費を捻出する必要があるわけで、当然、それ以上のお金をいただかなくてはならない。

そこで、コンサルタントの時間単価に、ある数値を掛ける。これがマルチプライヤーである。

この「マルチプライヤー」が三倍を切ると、一流の弁護士事務所やコンサルティング・

ファームは維持ができなくなると言われている。公認会計士の場合は、二・五倍が損益分岐点と言われている。

コンサルティング・ファームは、自社の拡大再生産や若手の教育のために原資を確保する必要があり、その分、マルチプライヤーの値を高く設定したいと考える。だが当然、マルチプライヤーの値が大きくなれば、顧客が支払うコンサルティング料は高くなる。そこで両者のせめぎ合いが起こり、マルチプライヤーの値が決まる。この値をどう設定するかが、コンサルティング・ファームや弁護士事務所の浮沈のカギを握っている。

要は、マルチプライヤーは需要と供給のバランスで決まってくる値だ。好景気不景気の影響も受ける。好景気のときはマルチプライヤーが高めに設定され、景気が悪化してくると値が低くなる。だが、一流のコンサルティング・ファームや弁護士事務所であれば、年中値を変えるようなことはしない。見直しは年一回が通例だ。

この考え方自体は、ＢＣＧでもマッキンゼーでもドリームインキュベータでも変わらない。プロジェクトのメンバーに誰と誰と誰を入れて何時間使うと決まったら、金額も自動的に決まる。値段をまけるもまけないもない。そういう世界だ。

ただ、ＢＣＧやマッキンゼーと違って、ドリームインキュベータはコンサルティング専業ではなく、ベンチャー支援の業務からもリターンがある。そのため、両社と比べてマルチプライヤーを低めに設定することができる。同レベルの能力のコンサルタントであれば、一〇％から二〇％程度の割安感はあるはずだ。

戦略コンサルティングは大企業のもの、というのは本当か

ともあれ、コンサルティングの値段はこうして決まるわけだが、コンサルタントという、世の中のレベルから言えば比較的高給を手にする人たちが何人も集って仕事をするわけだから、当然、多くの場合その金額はかなりのものになる。だから、「戦略コンサルティングは大企業だけをターゲットにしたもの」という見方をされることも多い。

ドリームインキュベータについて言えば、多いところでは、一社につき年間三億円以上いただいている。ここまで多額ではないにせよ、通常の戦略コンサルティング案件でも、一件八〇〇〇万円から一億二〇〇〇万円くらいの金額がかかるのが一流のコンサルティングの相場だ。月額二〇〇〇万円から三〇〇〇万円で期間四カ月からというのが一般的なケースだ。

そう考えると、やはり戦略コンサルティングというものは、「大企業のもの」という考

え方はある程度正しいと言わざるを得ないだろう。売上が一〇億円に満たないような会社がコンサルティング料に億単位のお金を出すというのは、明らかにいびつである。

だが時々、「それでもコンサルティングをしてほしい」という企業トップの方がいる。その熱意に負けてしまうこともあるが、基本的にはお断りするようにしている。

しかしこれは、別に大企業を優遇して中小企業を下に見ているということではない。ここまでお読みいただいた方にはおわかりいただけると思うが、あくまでそういう仕組みになっている、ということなのだ。

さて、このある意味莫大なコンサルティング料だが、当然、会社によっては「値切って、安くしてほしい」と言ってくるところもある。だが、これほどシステマティックに決まってくる以上、そう簡単に値切れないのは言うまでもないだろう。

それに経験上、優秀な企業のトップほど、「高いな」とは言っても、「まけろ」などとは決して言わないものだ。さすがにそうした企業のトップは、コンサルティングの価値をしっかりと理解している。だからこそ我々も気持ちよく働ける。

逆に値段をまけろという圧力に屈し、実際にディスカウントしたとしたら、コンサルタントは気持ちよく働けるだろうか。

実際には、値段についてあれこれ言ってくる企業は少なくない。その結果、決裂して仕事はナシになることもある。

だが、そういった企業が数年後に破綻する例も多い。そんなニュースを見るたびに、いろいろ考えてしまうものだ。

「お試し買い」は損をする

✝まさに「桁違い」の戦略コンサルティングの料金

前項で、コンサルティングの料金体系について説明したが、日本の企業は、コンサルティングの使い方にまだまだ慣れていないため、それが高いのか安いのか、なかなか判断がつかないようだ。しかも、日本に多いカギ括弧付きの「コンサルティング会社」は、せいぜい月三〇〇万円から五〇〇万円といったところが多い。月に二〇〇〇万円から三〇〇〇万円の戦略コンサルティングは、まさに桁が一つ違うサービスをしている。

ものの値段というのは実に不思議だが、でたらめに決まっているわけではない。高い価値を作り出そうと思うと応分のコストがかかる。値段が高ければものがいいというわけではないが、いいものはどうしても値段が高くなる。

また、どんなにいいものでも、値段に見合う価値がユーザーに認められないと、決して売れることはない。また、応分のコストをかけずに作ったものに、ユーザーがとてつもない価値を見出してくれれば、ぼろ儲けができるわけだが、一時的な現象としてはあり得ても、中身が伴っていないものに、ユーザーが価値を見出し続けることはない。

同じ「コンサルティング」の名がついていても、一方は三〇〇〇万円、片や五〇〇万円。仮に、三〇〇〇万円のコンサルティングが、五〇〇万円の「コンサルティング」と中身が同じであれば、実に気楽でおいしい商売だが、その値段が三〇年にもわたって受け入れられるわけがない。私が三〇年携わってきたコンサルティングが、その間ずっと三〇〇〇万円の値段で提供し続けられたということは、五〇〇万円の「コンサルティング」とは次元の違う価値があるということが認められていることに他ならない。

✝料金をまけられない理由

だが、そもそも価格帯を低くすることは不可能なのだ。

スーツを例にして考えてみればよくわかる。スーツは、ＡＯＫＩにいけば三万円で二着買えるが、英國屋にいくと一着で三〇万円だ。二〇倍の価格の差がある。それは、確かに言葉にすれば同じ「スーツ」だが、その中身はまったくの別物。既製品を大量販売している量販店と、一人一人オーダーメードでスーツを作る会社とでは、価値観がまったく異なっている。なのにＡＯＫＩでスーツが一着一万五〇〇〇円だからと主張したところで、英國屋はその価格まで落とせるわけがない。

戦略コンサルティングの仕事もまさに、クライアント企業に一つ一つ合わせて作るテーラーメードだ。手垢のついた理論やノウハウをそれっぽく見せて売りつけるカギ括弧付きの「コンサルティング」とは中身が違う。その中身の違いが価格の違いになって表れていて、クライアントの各企業はその価値を実感してくれているのだ。

とはいえ、月三〇〇〇万円という金額は、その感覚に慣れていない企業にとっては、やはり払うのをためらう金額だ。通常は、一つの案件で四カ月からという期間がかかるが、億前後のコンサルティング料を払いかねて、「とにかく支出を抑えて、どの程度の価値があるのか見極めたい」という主旨の相談をされることがある。それで、本来は一つの案件として組むものを二つのフェーズに分けて、期間一カ月半から二カ月くらいのお試し版を提供したこともある。

だがこうした「お試し買い」は、我々も困るしクライアントも得をしない。その短い期間では深い考察はしきれないし、満足してもらえる成果を届けることも難しい。コンサルティングに限った話ではないが、ものというのは、提供されている価格でそのまま買って使ってみて初めて、その本当の価値がわかる。コンサルティングを使い慣れている企業はその点を十分把握していて、理屈に合った頼み方をしてくる。

✝私の中の「一〇倍ルール」

ちなみに、私がコンサルティングの仕事を受けるときは、コンサルティング料の最低でも一〇倍の利益増かコスト低減は実現したいと思っている。自分の中の「一〇倍ルール」だ。

あるとき、オリックスの宮内義彦氏が、子会社のシステム全面見直しのコンサルティングを依頼してきた。総額八〇〇〇万円くらいのプロジェクトで、三十数億円のコスト低減が可能になった。私は上々の出来だと思っていたし、クライアントのシステム責任者もその提案に満足していた。ところが宮内氏は、「八〇〇〇万円も払って三十数億円しかコスト削減にならんのか。八〇〇〇万円なら八〇億円ぐらい減らしてくれないと困る」と返してきた。その会社はシステムに八〇億円もかけていないから、もちろん宮内氏は冗談で言ったはずだが、そういう大きな効果が出ることもあった。

ときには、コンサルティングの結果、戦略を転換したら、それだけで市場が反応して株式の時価総額が倍になったこともあった。それも時価総額数兆円の企業でだ。また、コンサルティングを入れて、売上そのものが三倍や五倍になったケースもある。売上一〇〇〇億円前後の企業が、コンサルティングが入って数千億円まで業績が上がったケースだ。

こちらの予想よりも、大きな結果が数字として表れたときは、コンサルタントとしてはやはり嬉しいものだ。

ユニ・チャームの高原慶一朗氏、カプコンの辻本憲三氏、セガの中山隼雄氏、資生堂の福原義春氏、ホンダの大久保叡氏、第一生命の西尾信一氏、ヒロセ電機の酒井秀樹氏、ソニーの出井伸之氏、住友信託銀行の櫻井修氏といった名経営者の方々は、コンサルティング料に対して、「高い」と言ったことはあっても、「まけろ」と言ったことは一度もなかった。だからこそ心から信頼し合える関係を築くことができ、我々もコンサルティングに全力を尽くした。

金額は決して安くない。だがその分、企業は覚悟が問われるし、コンサルティング・ファームも全力を尽くす。こうした関係があってこそ、コンサルティングは真にその効果を発揮するのだ。

名経営者は、コンサルタントに気持ちよく仕事をさせる

†人を「働きたくさせる」経営者のひと言

「我々は刎頸《ふんけい》の友だ。この会社を大きくしたのは、一に俺だが、二にお前だ」

先にも紹介した、ヒロセ電機の酒井氏から頂戴したありがたいお言葉だ。酒井氏のほうが私よりずいぶんと年が上だったが、酒井氏とは、本当にお互いを信頼し合える関係を築くことができた。コンサルティングの仕事で得られる最大の財産は、酒井氏のような心から信頼し合える経営者との絆だろう。

それにしても、酒井氏は人を動かすのが本当にうまいな、と思う。こんな言葉を言われてしまっては、こちらもより一生懸命に働かざるを得ないではないか。

コンサルティングというのは考えることが商売だ。考えることは、オフィスにいなくてもできる。だから、信頼し合える経営者と出会うと、風呂に入る間も、犬の散歩をしている間も、その人の会社を良くすることばかり考えてしまう。

私もヒロセ電機の案件では、ひととおりの答えはすでに出ていて、後は資料に落としてプレゼンテーションするだけという状態でも、最後の最後まで「まだ他にいい案はないか？」と考えを巡らせていたものだ。

そういう人のためには、粉骨砕身働きたくなるのが人情だ。どれだけ時間を使ったかとか、どれだけチャージできるか、ということは、そのとき一切考えていない。プロとしては失格なのかもしれないが、そういう人に喜んでもらえるような飛び切りいい仕事をしたいと思ってしまう。とにかく全力投球。渾身のストレート、渾身の変化球を投げた。「これを打たれたら仕方がない。そのときは頭を丸めて謝ろう」という気持ちで仕事に臨んだ。

✝数％のディスカウントに意味はない

コンサルタントも人間だ。いくら論理で動く人間だとはいっても、根っこの部分には感情が流れている。気持ちよく仕事をさせてくれる人に対しては、一二〇％力を出し切って頑張りたいと思うのが心情だ。

反対に、ことあるごとに仕事にけちをつけてきたり、料金を「まけろ」と言ってくるような人に対しては、手を抜くわけではないが、気持ちの乗りが圧倒的に違う。

前述したように、コンサルティングの値段は原価がはっきりしているから、まけることができたとしてもせいぜい数％くらいのものだ。だが、しつこくディスカウントを迫って、こちらのやる気を減退させるくらいなら、金額についてはあれこれ言わずに、こちらに気持ちよく仕事をさせて、風呂の時間も犬の散歩の時間もコンサルタントに頭を使わせたほうが、実質的な意味での時間単価を大幅に安くすることができる。人間に対するそういう深い洞察ができる人が一流の経営者だ。

ケースブックはコンサルティング・ファームの最大の財産

そうやって、風呂の時間も散歩の時間も顧客のことを考えていると、過去の案件で、似たようなケースがあったことをふと思い出す。そんなとき、ベテランのシニアのコンサルタントのいいところは、過去の案件の資料にアクセスする権限を持っていることだ。

コンサルティング・ファームは、クライアントのトップ・シークレットを多数扱うため、セキュリティが非常に厳格だ。案件にまつわる情報を「ケースブック」という資料にまとめ、原本を二部だけ、厳重なセキュリティの下で永久保存している。日銀の金庫を開けるのとどちらが大変か、というような大型の金庫だ。

ケースブックには、プロジェクトに関わった最もシニアなメンバーだけがアクセスすることができる。プロジェクト外の人間は、たとえシニアなコンサルタントであっても、アクセス権のある人の許可を得ない限りは触れることもできない。シニアなコンサルタントがアクセスを認める場合も、ケースブックをそのまま渡すことはない。クライアントのトップ・シークレットが書かれているから、生のデータを偽装して、エッセンスだけを見せるようにしている。これを、コンサルティングの世界では「サニタイゼーション（消毒）」と呼んでいる。数字を指数化したり、商品を別のものに見せかけたり、いろいろな方法がある。

もちろん私はＢＣＧを去ったから、ＢＣＧのケースブックに触れることはできないが、ファームを変わらない限り、経験を積めば積むほどアクセスできるケースブックも増える。戦略を考える引き出しとして、過去の案件を活用することができる。

ＢＣＧを去って一番残念で寂しいことは、過去のケースブックへのアクセスができなくなったことだ。完全リタイヤして、二度とコンサルティングをしないという宣言をして、いつの日か、昔の作品を読み返させてほしいと本気で願っている。

一方で、今ドリームインキュベータに急速にケースブックが積み上がってきているのが嬉しくてたまらない。未来は過去の延長線上にはないが、温故知新は永遠の真理だ。

こうした過去の案件は、コンサルタントにとっては貴重な資産だ。心から信頼できる経営者のためには、時間のみならず、こういう資産も総動員して、全力で応えようとする。コンサルタントとは、そういう側面を持ったプロフェッショナルだ。

終章

これからのコンサルティング〜コンサルティングを超えて〜

✝戦略コンサルティング・ファームの限界

二〇〇〇年、私は一九年間お世話になったBCGを去って、ドリームインキュベータ（Dream Incubator：DI）という会社を立ち上げた。

設立にあたっては、「渋沢栄一や松下幸之助を一〇〇人育てたい」「ソニーやホンダを一〇〇社育てたい」という思いがあった。そしてその思いを、「Dream（夢）」を「Incubate（孵化）」するという社名に込めた。

私は、BCGで一つの限界を感じていた。BCGもマッキンゼーも、一流のコンサルティング・ファームは、結局のところ大企業しか相手にしない。というより、前述したように、料金の問題があり物理的に相手にすることができないのだ。モルガン・スタンレーやゴールドマン・サックスのようなインベストメント・バンクも同様だ。

コンサルティングというのは、知的な創造活動に他ならない。一流のコンサルティング、一流の知的創造活動を、もっと広く世の中に伝えられないだろうか。中小企業は費用面で難しいとしても、せめて中堅規模のベンチャー企業に提供できないだろうかとかねがね思っていた。

その背景には、日本中に閉塞感が蔓延する中、優秀でやる気のあるベンチャー企業が一定数出てこないと、この国は成り立たなくなるという危機感があった。

ベンチャー企業に足りないのは資金だけではない。お金よりもっと不足しているのが、「知恵」と「人」だ。ベンチャー企業の経営者の多くは、若くて経験が少ない。大企業と比べ、トップを支える人材も限られている。その部分を補い、彼らの成長を促す指南役を担うことができないか……。それが、ＤＩを立ち上げた狙いだ。

だが、中堅規模とは言っても、ベンチャー企業が、月に二〇〇〇万円から三〇〇〇万円はかかるコンサルティング料を払うのは難しい。そこで考えたのが、企業に出資することにより、事業パートナーとして企業を支援する手法だ。コンサルティング料の代わりに、株式やストック・オプションをもらって企業をコンサルティングするというモデルだ。

この活動は、一定の成果を上げることができた。だが私にとっては、満足のいく成果とはとても言えなかった。

なぜか。それは、株式やストック・オプションをもらうといっても、大抵の場合、持分比率にして数％程度のボリュームにしかならない。そのため、大々的に企業の支援をすることが現実的に難しかったのだ。また、若くまだ経験も浅い経営者に対して、こちらからのアドバイスがうまく伝わらないというもどかしさを感じることも多かった。経験不足のベンチャー経営者にとっての「特効薬」になると思った経営ノウハウだが、まさに経験不足のために、ノウハウの意味や貴重さが理解できなかったのだ。その意味では、経験豊かな大企業の経営者のほうがはるかにノウハウのありがたみを理解してくれたのだから、なんとも皮肉である。

結局、株式の数%をもらって事業を支援するという、ある意味「片手間」なやり方では、企業を本当に支援することはできないのだと気づいた。こうしたビジネスモデルは、やはり証券会社や銀行子会社のベンチャー・キャピタルが本来やるべきことであって、我々がやる必要はない。

そう考え、新たなビジネスモデルを模索し始めた。

「一〇〇%出資モデル」による成功事例が出始めてきた

ここで、ベンチャー育成でこれまでに比較的うまくいっている事例を見てみると、いずれも出資比率が二〇%近くあることがわかった。つまりそれだけ資本を持てば、こちらも採算面から人を常駐させることができ、より効率的に育成できるということだ。

ただ、二〇％の持分比率であっても、それはやはり二〇％の経営権に過ぎない。

立案した戦略を、経営者を育成しながら実行に移していくには、それなりの時間と手間がかかる。ここはやはり、一〇〇％出資にして、経営者の育成とビジネスの成長を効率よく成し遂げたほうがいい、と判断した。

そこで最近は、自社で全額出資して、自分たちで事業を展開するモデルを広げていっている。

この一〇〇％出資モデルで、早速いくつかの成功例が出始めている。特に今、急成長しているのが、「リバリュー」という会社だ。

この会社のビジネスは、パソコンや家電製品で型落ちした旧世代のものや、箱が壊れたりして売り物にならなくなったものを安く買い集めて、自社の保証書をつけて販売する、というものだ。

本来の目的と照らし合わせて問題なく使えるものでも、型落ちすると、メーカーとしては保証をつけられない。さらに、箱が壊れただけでもまともな売り物にはならない。加えて、最近の工業製品は多くが中国・台湾製で、販売店が製造元に送り返すには多額の輸送コストがかかるし、処分するにしても産廃業者へのコストがかかる。

そこで、販売店のお荷物になっているそうした品々を安価で買い取り、動作チェックをして保証をつけて安価で販売するわけだ。最新モデルでなくとも、安く手に入ることで満足するユーザーは多いはずだ。

このビジネスモデルは、元々DIで育成していたあるベンチャー企業に提案したものだ。実際に展開してみたら売れ行きは好調だったが、結局その企業の財務面の問題もあり、本腰を入れてこのビジネスに取り組むことはできなかった。

だが、そもそもビジネスモデルを考案したのは我々で、運営の実態はDIから送り込んだ人間が担当していた。そこで、そのビジネスを我々が買い取ることになった。それがこのリバリューであり、まさに破竹の勢いで快進撃を続けているのだ。

また、二〇一一年二月には、ペットの保険業務に携わる「アイペット社」を買収した。本件の場合、議決権の八二・一一%を得たので、実質的には子会社である。

ペットには人間と違っていわゆる健康保険がない。このため、いったん病気にかかると治療費が重くのしかかる。しかし、かわいいペットが病気で苦しむのを放っておくわけにもいかない。そこでペット保険の登場となる。市場も成長中であり、今後に期待している。

そして、これらに続く第三弾、第四弾が社内ベンチャーとして稼動し始めている。

従来であればベンチャーに出資していたところを、自分たちで直接やるほうが断然スピーディだということで大きな方向転換を打ち出してから、まだ一年も経っていない。その結果を予測することは早計だが、日本にこれまでなかった業態の会社になることだけは間違いないと思う。そして目下のところ、リクルート戦線では圧倒的な支持を受けている。

DIは、他人の事業をインキュベートするのではなく、自分たちで事業をインキュベートする方向に舵を切りつつあるのだ。

✝日本発の知的創造企業という夢

そして、もう一つこれから目指すべき、大きな夢がある。それは、日本に知的創造企業を作るということだ。

これは、ずっと以前のある体験がベースになっている。

前にも書いたが、三〇年前、私がBCGに入社した当時に手掛けたのは、日本政府や日本企業をどう攻略すべきかというホワイトハウスの仕事であった。当時は日本企業の案件がほとんどなかったということもあるが、この仕事には複雑な思いを抱かざるを得なかった。

だが、それから三〇年経った今、状況はそれほど変わっていないと言わざるを得ない。日本には日本発の一流のコンサルティング・ファームは存在しない。世界的に見ても、一流と呼べるコンサルティング・ファームは、BCG、マッキンゼー、ブーズ・アレン、ベイン・アンド・カンパニーのアメリカの四大ファームだけだ。

これらの企業は単にアメリカの企業というより、グローバルな企業ではある。だがもし、霞が関が欧米企業への対抗戦略を作るにあたって、コンサルティング・ファームの力を借りようとしたとき、果たしてBCGやマッキンゼーに頼めるだろうか。

日本発の日本の企業である一流のコンサルティング・ファームの必要性を、以来ずっと痛感してきた。ならばDIがその役割を担い、日本人が安心して使える知的創造企業となろうというのが、もう一つの使命だと考えたのである。

実際に、DIでは、経済産業省や農林水産省などの霞が関官庁と密接に連携する案件が増えている。愛知県豊田市で展開しているスマートグリッドの実証実験がその代表例だ。経済産業省とトヨタ自動車、中部電力、デンソーなど日本を代表する二〇社強の会社と我々DIが協同して、新産業創出に取り組んでいる。

✝欧米流コンサルティング・ファームとは違う新しいモデル

では、我々の目指す「日本発の知的創造企業」というのは、いったいどんな特徴を持つものなのか。欧米の戦略コンサルティングと、何が違うのか。

私自身、戦略コンサルタントとして長年第一線で活躍してきた。そのため、戦略コンサルティングの分野で欧米のコンサルティング・ファームと真っ向から戦っても負けないくらいのサービスが提供できる自負はある。だが、やはりBCGやマッキンゼーといった会社には歴史と伝統があり、長年にわたって築き上げたグローバルなネットワークがある。企業のグローバル展開の必要性が叫ばれだして久しいが、この分野ではそうした欧米系のコンサルティング・ファームに一日の長がある。

だから我々はそこで勝負せず、別の分野でより競争力のあるコンサルティングを目指している。具体的には、「政策と戦略と技術を融合させたコンサルティング」である。

実はこのアイデアは、BCGにいたときからずっと考え続けていたものである。

当時、ＩＴの重要性が高まりつつある中、ＢＣＧの社内にＩＴのプロフェッショナルがいなくて苦労していた。ＩＴがわかる人材を得ようと何度も募集したが、一流の技術者はなかなか集められなかった。「コンサルティング・ファームにいっても使われる側にしかならない」と、敬遠されてしまったのが原因だろう。

そこで、ＤＩを設立するときに、ＢＣＧでの失敗の経験を踏まえて、ＮＴＴ、ＮＴＴドコモ、ＩＢＭの三カ所の研究所に、優秀な技術者を一名ずつ派遣してもらうことをお願いした。

ＤＩの現社長の山川隆義は、理系の修士で計測器メーカー出身であり、技術がわかる。そこで、派遣されてきた技術者たちと山川の計四名に技術本部を立ち上げさせて、これからの技術のあり方や、戦略と技術はどのように融合すべきか、というテーマを毎晩のように議論させた。その手の議論は技術者としては面白くてたまらないようで、集蛾灯に蛾が集まるがごとく各方面から技術者が集まり、侃侃諤諤《かんかんがくがく》の議論が繰り広げられた。

「こんなに面白い議論は会社ではできない」

という技術者も出てきたため、彼らを引き抜いて十人くらいの技術部隊を作った。

当初はその技術者に、三、四年かけて経営戦略を教え込むつもりだったのだが、なかなかこれは難しかった。ただ、それでも戦略コンサルタントと議論できる技術者が何人も育ったのは大きな収穫だった。コンサルタントの中には、理系のマスターを出ていて技術のバックグラウンドがある者も数多くいて、コンサルタントと技術者が二人三脚で組むことで、戦略と技術を融合させられるようになってきた。

†「三位一体」モデルで、日本のパワーを世界に！

こうしてＤＩの中には、「戦略」がわかる人間、「技術」がわかる人間、「政策」がわかる人間が集うことになった。この「政策×戦略×技術」というのがまさに、ＤＩの特徴的なコンサルティングになっている。

「戦略」と「技術」に「政策」が加わって、そのチームが霞が関とつながり、霞が関と顧客と我々ＤＩが三位一体になって案件に取り組む。産業分野としては、環境、省エネが中心で、農水が一部、という具合だが、これはメンバー構成からして、ＢＣＧやマッキンゼーができない領域だ。

この「三位一体」、つまり、チームを組んで案件に関わる、ということに、私は日本の将来の可能性を感じている。

日本人には、ノーベル賞を取る人もたまにいるが、天才的な偉大な人材がそうそういるわけではない。だが、日本人はチームを組ませると強みを発揮する部分がある。スポーツの分野で言うならば、陸上の短距離では決勝レースに出るのすら難しくとも、野球のワールド・ベースボール・クラシックは優勝できるというようなものだ。

それは企業でも同じで、単独の企業で世界と伍していくのは厳しいところがあるが、企業が連携してチームを組むことが必要とされる分野では、日本人は世界でも十分戦える。そしてそこで培われたコンサルティング・ノウハウは、欧米発祥の戦略コンサルティングと十分戦うことのできるものだと信じている。

事実、この「政策×戦略×技術」のモデルを中国人に紹介したら、いたく興味を示してきた。そんなこともあって、上海で事務所を設立し、二〇一一年には北京でも事務所をオープンさせる予定だ。そして四年前には、東京に次ぐ二番目の拠点として、ベトナムのホーチミンにも事務所を構えた。まだ片足を踏み出したくらいに過ぎないが、いずれ日本型の知的創造企業が、アジア全域、そして世界全体に広がっていくことを願ってやまない。

創業一〇年が経った今、ＤＩという会社は、ＢＣＧやマッキンゼーのような純粋なコンサルティング・ファームの域を超え、文字どおり夢を具現化する会社へとなりつつある。

†「人と違うこと」と「得意技」で勝負する

モノ作りではまだまだ諸外国の企業に比べて優位性のある日本企業とはいえ、昨今ではなかなか単体でのブレークスルーは難しくなってきた。個社では乗り切れないとなれば、日本人得意の団体戦に持ち込むしかない。

ＤＩでは非常勤取締役・田原総一朗氏のアドバイスもあり、かなり前から政策提言にも取り組んでいた。事実、経済産業省、環境省、農林水産省などからコンテンツで高い評価をいただくだけではなく、人的なつながりも密接になり、信頼をいただいた。

しかし悲しいかな、霞が関とホワイトハウスの違いがここで浮き彫りになってくる。霞が関には外部の「考察」に相応の対価を払うという習慣がない。そのため当方としては経営的に苦しいという状況に立たされている。

一方、民間大企業ももはや一企業内での戦略と技術の連携だけでは、グローバル戦では限界のあることがはっきりしてきた。ならば政策×戦略×技術である。すなわち複数の大企業の協業に国家戦略を結びつけ、アメリカ、韓国、中国に対抗していこうということである。

この方針は二〇〇八年から推進し始めたが、当初思っていたよりはるかにインパクトがあり、そして多くの大企業の賛同を得ることになった。ＤＩでは技術をバネにしたこの分野を「産業プロデュース」と呼んでいるが、すでに全コンサルティングの売上の半分を優に越すところまで育ってきた。今後はＤＩの売上うんぬんの話ではなく、日本産業界再生の切り札としての真価が問われると私は考えている。

何事も「人と違うことをやれ」であり、「得意技勝負」である。日本人の得意技は俺が俺がと自己主張することではなく、チームワークである。そしてコツコツとたゆまぬ努力をするところである。私はこの路線に日本の明るい未来を感じている。

ベンチャー企業を育成する。産官学と連携して新産業を創出する。アジアと協調してビジネスを展開する。夢の形も、これまでのコンサルティング・ファームでは描ききれなかったものばかりだ。

まだまだ歴史も浅く、未熟なところも多いが、ようやく種蒔きのときが終わり、少しずつ芽が出始めている。こうした会社の発展を踏まえ、本社も官公庁に近く連係しやすい霞が関に移転することにした。

本書では、我がコンサルタント人生で学んだことについて述べてきた。ハーバードで何度も衝撃的な体験をしているときは、私がまさかコンサルタントになるとはまったく想像だにしていなかったし、日本に帰国してBCGに入ってコンサルタントになったときも、これほど長い間コンサルタントを続けられるとは思ってもみなかった。

コンサルタントは、生き残るのさえ厳しい商売だ。三年で半分、七年で七人のうち六人が去っていく。そこで生き残った時点で、コンサルタントとしては一人前、一〇年も続けば相当立派なものだ。だが、いかに能力を備えた優秀なコンサルタントであっても、二〇年もすると、バーンアウト、燃え尽きてしまうことがほとんどだ。

そんな世界で、私はバーンアウトすることなく、三〇年もの長きにわたってコンサルタントを続けている。自分でも不思議で仕方がないが、考えられる理由は、私が戦略コンサルティングを好きでたまらない、という以外にない。

コンサルティングは、実に知的で、創造的な活動だ。一流のプロフェッショナルが集まる世界でもある。その厳しさは並大抵のものではないが、その分、仕事の面白さは格別だ。

腕に覚えがあり、日本の知的創造産業を担う気概のある若者は、ぜひコンサルティング・ファームの門を叩いてもらいたい。仮に道半ばで夢破れたとしても、そこで得られる経験は何物にも代え難い。

こうした願いは着実に前進している。たとえば経済産業省とＤＩが合同で行っている採用セミナー等は好例だと思う。

経済産業省の採用担当者とＤＩの採用担当者が交互に壇上に上がり、「日本の将来を明るくするか暗くするかは君たち次第だ。日本国の戦略コンサルティングならば昔から経済産業省、政策×戦略×技術という新しい形の戦略コンサルティングならＤＩ。どちらもインベストメント・バンクや外資系コンサルティング会社と給料だけを比べると安いが、やりがいと達成感は断然だ。経済産業省かＤＩに入ろう」とＰＲしているのだ。少々妙な話だが、日本初の官民協業ではなかろうか。

ともあれ、新しい時代はもう始まっているのだ。読者諸氏の中から、私を唸らせるような優秀な人材が現れるとすれば、これほど嬉しいことはない。私が何歳まで現役を続けられるかはわからないが、そんな優秀な人材と、仕事をともにしてみたいと、心ひそかに願っている。

編集協力◆オフィス1975
装丁写真◆永井浩

PHP
Business Shinsho

堀　紘一（ほり・こういち）

ドリームインキュベータ代表取締役会長。

1945年、兵庫県生まれ。東京大学法学部卒業後、読売新聞経済部を経て、1973年から三菱商事に勤務。ハーバード・ビジネススクールでMBA with High Distinction（Baker Scholar）を取得後、ボストンコンサルティンググループで国内外の一流企業の経営戦略策定を支援する。1989年より同社代表取締役社長。

2000年6月、ベンチャー企業の支援・コンサルティングを行なうドリームインキュベータを設立、代表取締役社長に就任。同社を2005年9月、東証1部に上場させる。2006年6月、同社会長に就任。

主な著書に、『世界連鎖恐慌の犯人』（PHP研究所）、『突破力！』『「真のリーダー」になる条件』（以上、PHPビジネス新書）、『人と違うことをやれ！』『30代から大きく伸びる人の勉強法』（以上、PHP文庫）、『一流の人は空気を読まない』（角川oneテーマ21）、『新版　リーダーシップの本質』（ダイヤモンド社）、『ホワイトカラー改造計画』『「心の時代」の企業革新』『21世紀の企業システム』（以上、朝日文庫）、『一番いいのはサラリーマン』（扶桑社文庫）など多数。

PHPビジネス新書 171

コンサルティングとは何か

2011年5月10日　第1版第1刷発行
2011年6月9日　第1版第2刷発行

著者　堀　紘一
発行者　安藤　卓
発行所　株式会社PHP研究所
東京本部　〒102-8331　千代田区一番町21
ビジネス出版部　☎03-3239-6257（編集）
普及一部　☎03-3239-6233（販売）
京都本部　〒601-8411　京都市南区西九条北ノ内町11
PHP INTERFACE　http://www.php.co.jp/
装幀　齋藤　稔
組版　朝日メディアインターナショナル株式会社
印刷所
製本所　共同印刷株式会社

ISBN978-4-569-79619-2

「ＰＨＰビジネス新書」発刊にあたって

わからないことがあったら「インターネット」で何でも一発で調べられる時代。本という形でビジネスの知識を提供することに何の意味があるのか……その一つの答えとして「**血の通った実務書**」というコンセプトを提案させていただくのが本シリーズです。

経営知識やスキルといった、誰が語っても同じに思えるものでも、ビジネス界の第一線で活躍する人の語る言葉には、独特の迫力があります。そんな、「**現場を知る人が本音で語る**」知識を、ビジネスのあらゆる分野においてご提供していきたいと思っております。

本シリーズのシンボルマークは、理屈よりも実用性を重んじた古代ローマ人のイメージです。彼らが残した知識のように、本書の内容が永きにわたって皆様のビジネスのお役に立ち続けることを願っております。

二〇〇六年四月

ＰＨＰ研究所